학습컨설팅 시리즈

04

학습전략 프로그램
: 읽기전략

Learning Strategies Program: Reading Strategy

김정섭 · 강명숙 · 윤채영 · 정세영
김지영 · 김소영 · 황두경

박영story

　미래에는 학습이 중심이 되는 시대가 올 것이며, 평생학습이 더 확산될 것이다. 그러나 아직까지 학교현장은 학습보다 교육에, 학생역량보다 교사역량에 더 초점을 두는 것 같다. 가르치는 사람이 교육의 주체라고 여기는 사람들이 여전히 많기 때문이다. 대부분의 사람들은 교사가 잘 가르치면 학생은 잘 배울 것이라고 믿는다. 그래서 많은 교육자들이 학습의 질은 교육의 질을 넘어설 수 없다고 말한다.

　그러나 교육의 질과 학습의 질을 동의어로 보아서는 안 된다. 교사의 역량과 상관없이 학생이 자기주도적으로 학습할 때 더 잘 배울 수 있기 때문이다. 교사가 가르치는 역량을 높여야 학습이 잘 이루어진다는 생각은 학생을 지나치게 수동적인 존재로 보는 관점이다. 교사가 어떻게 가르치느냐에 따라 학생의 학습수준이 결정된다고 보기 때문이다.

　우리는 이런 관점에서 벗어나 학생의 학습역량을 높이는 것이 무엇보다 중요하고 선결되어야 한다는 관점을 가지고 있다. 학생이 학습으로부터 도망가고 있는데, 교사의 수업역량만 개선하는 것은 문제의 본질을 건드리지 못하고 변죽만 울리는 꼴이다. 교사연수를 통해 교사의 역량을 향상시키려 하였으나 학생의 학습문제가 더 심각해지는 현실을 보면, 교육에 대한 관점의 전환이 필요한 시점임을 알 수 있다. 우리나라 학생들은 대부분 대학진학을 목표로 열심히 공부하면서 학창시절을 보내고, 대학진학 후에도 취업하기 위해 열심히 공부한다. 그러나 많은 대학생은 스스로 학습관리를 해 나가야 하는 학습환경 속에서 당혹감과 상실감을 경험한다. 대학 수업에 적합한 학습전략을 가지고 있지 않을 때 더욱 그렇다. 우리는 학업에 적응하지 못하는 대학생을 연구하며, 이러한 문제를 해결하기 위해 초등학생 및 중학생 때부터 학습전략을 익히고 활용하는 것이 중요하다는 것을 알게 되었다. 여러 해 동안 초등학교와 중학교에 학습전략 프로그램을 적용하며 그 효과를 연구하였고, 많은 연구물과 책을 발간하게 되었다. 그리고 기존의 책들을 정리하여 이 책을 재출간하였다.

　특히 아직 스스로 학습하는 방법을 모르는 초등학생과 중학생들에게 이 학습전략 프로그램을 권하고 싶다. 또한 학교나 기타 교육기관도 학생들에게 단지 '열심히 공부하라'고 말하기보다는 이 프로그램을 도입하여 아이들이 진정한 꿈을 찾고 그 꿈을 달성하는 방법을 익히도록 도와주기를 권한다.

이 책은 다음과 같이 구성되어 있다. 첫 권은 시간관리에 관한 것이다. 학습의 양은 실제로 학습한 시간에 정비례한다. 학습하기 위해 사용한 시간이 많을수록 배운 것이 더 많다는 것이다. 여기서 중요한 점은 책상에 앉아 있는 시간이 아니라 집중해서 학습한 시간의 양이다. 목표의식을 잃은 아이들은 학습에 집중하지 못하고 왜 학습해야 하는지도 모른다. 따라서 학습은 시간관리부터 시작해야 한다. 이 책의 안내에 따라 교육받은 학생은 자신의 꿈을 찾는 것과 그 꿈을 이루기 위해 시간을 효과적으로 관리하는 방법을 배우게 될 것이다.

둘째 권의 집중전략 부분에서는 집중이 잘되는 환경을 만들고, 집중력을 높이는 다양한 방법이 소개되어 있다. 이 책에서는 학생들이 자신의 어떤 집중력이 부족한지 파악하고 그것을 극복하는 방법을 배우게 될 것이다.

셋째 권은 기억전략의 내용을 담고 있다. 아무리 많은 시간 동안 집중해서 공부했더라도 자고 나서 그것을 잊어버린다면 정말 안타까울 것이다. 따라서 배운 것을 잘 기억하는 방법을 익히면 그렇지 않은 학생에 비해 더욱 학업성취도를 높일 수 있을 것이다.

넷째 권의 읽기전략 부분에서는 사칙연산이라는 신선한 접근법을 통하여 읽기전략을 쉽게 가르치고 배울 수 있다. 특히 대부분의 학생들이 어려워하는 추론하면서 읽기 부분을 세분화하여 단계별로 학습할 수 있도록 구성하였다.

다섯째 권의 시험관리는 평소 공부습관과 시험에 대한 태도부터 시험 직전까지의 준비와 실제 시험상황 그리고 시험 후의 분석까지 체계적으로 알려주고 있다. 또 시험불안에 대한 정도를 알아보고 이를 극복할 수 있는 방안까지 제시하고 있어서 시험에 대한 걱정이 많은 학생들에게 도움이 될 것이다.

이 다섯 가지의 학습전략 프로그램은 학습컨설턴트나 교사가 학생들에게 쉽게 전달할 수 있도록 수업지도안 형태로 구성되었으므로, 전문가가 학생들에게 쉽게 전달할 수 있는데 조금이나마 도움이 되리라 믿어 의심치 않는다. 많은 이들이 사용해보고 피드백을 연구진에게 전해 준다면, 점차 더 좋은 책으로 발전되리라 확신한다.

OECD 국가 중 행복지수에서 우리나라가 항상 하위권에 머무르고 있다. 더구나 학생들의 행복지수는 거의 꼴등에 가까운 것이 현실이다. 따라서 이 책을 통해 많은 아이들이 학습에 있어서 진정한 행복을 느낄 수 있기를 진심으로 바라는 바이다. 끝으로 이 연구결과물이 나올 수 있게 도움을 주신 많은 분들께 감사의 말을 전한다.

저자를 대표하여 김 정 섭

∎목 차∎

학습전략 프로그램 안내

CHAPTER 00

학습전략 프로그램 안내
Information of Learning Strategy Program

1. 개요

학습전략 프로그램은 학교기반 학습컨설팅 과정(윤채영, 김정섭, 2015)에 따라 초등학교와 중학교에 적용했던 현장연구를 기반으로 수정·보완한 것이다. 본 프로그램은 진단에 근거하여 학생들의 특성에 맞게 맞춤형으로 적용되었고, 학교마다 학생들의 다양한 학습전략 수준과 학습문제 유형 및 특성에 따라 다르게 구성된 프로그램이 적용되었다. 예를 들어, A초등학교에서는 읽기와 시간관리를 주로 다루는 프로그램이 운영되었고, B초등학교에서는 학생들의 진단결과와 담당교사의 요청에 따라 시간관리 프로그램만 운영되었다. C초등학교에서는 집중력과 기억력을 주로 다루는 프로그램, D와 E초등학교에서는 전반적인 학습전략의 이해를 안내하는 방식의 프로그램이 운영되었다. 또한 F중학교에서는 학습부진학생들을 대상으로 방과후 수업에 처치 목적으로 운영되었고, G중학교에서는 학급단위 전체 학생들을 대상으로 창의적 체험활동 수업에 예방 목적으로 운영되기도 하였다.

본 연구팀이 학교현장에 프로그램을 적용해 본 경험으로 알게 된 것은,

첫째, 학교에서 연구팀에 의뢰하는 학생들은 대다수 학습습관이 형성되지 않아 학습부진이 발생한 학생들이었다. 이들은 전반적으로 학습전략에 대한 이해와 실천이 부족하므로 이 두 가지를 병행하는 프로그램을 제공할 필요가 있었다. 또한 몇 가지 활동으로만 흥미를 주는 기존 학습전략 프로그램으로는 이러한 학생들의 학습습관을 변화시키기가 어려웠다. 학습전략 프로그램을 방과후 수업이나 창의적 체험활동 시간을 통해 한 주에 한 번씩 운영하여 학습습관의 지속성을 높이고, 그 내용을 다른 교과 담당교사나 교과보충 담당교사에게 전달하여 교과학습에서 학습전략을 사용할 수 있는 기회를 제공할 필요가 있었다.

둘째, 학업성취 수준이 낮은 학생들은 크게 두 가지 유형으로 나누어졌다. 먼저 학습문제가 쉽게 관찰되는 유형은 행동의 문제를 가진 학생들이었다. 이 학생들은 시간관리나 주변 환경관리가 잘 안되고, 주의력 부족으로 인해 학습저해행동을 자주 했다. 반면 학습문제가 잘 드러나지 않는 유형은 인지적 문제를 가진 학생들이었다. 성실하고 과제수행에 지체가 없으며 수업저

해행동을 하지 않는 착실한 학생이지만, 글 이해나 기억력 수준이 낮은 학생들이었다. 즉, 학습행동의 변화를 필요로 하는 학생과 인지적 학습활동에 대한 처치가 요구되는 학생으로 구분되었다.

셋째, 학업성취수준이 낮은 학생은 지나치게 자신을 과대평가하거나 과소평가하는 경향을 보였다. 이로 인해 자신에 대한 인식이 정확하지 않아 자기보고식 진단검사 외에도 교사의 관찰이나 학생의 실제 수행능력을 분석하여 학습문제를 진단하는 것이 필요하였다. 또한 자기평가와 자기점검의 능력을 향상시키기 위해 초인지 전략을 훈련시킬 필요가 있었다.

넷째, 학습전략 사용수준은 학년에 따라 구별되는 것이 아니었다. 초등학생이라 하더라도 학습전략 사용수준이 최상인 학생이 있는 반면, 중학생인데도 학습전략 사용수준이 낮은 학생들이 많았다. 따라서 학생의 학습전략 사용수준을 파악하여 그에 맞는 처치를 할 수 있도록 기초수준부터 심화수준까지 수준별 프로그램을 제작할 필요가 있었다.

다섯째, 공부를 많이 하지만 학업성적이 낮은 학생들은 기초 기억전략(시연, 정교화 전략, 조직화 전략, 파지 및 회상 등)을 잘 사용하지 못했다. 이에 따라 기존 학습전략 프로그램과 같이 집중력이나 기억력을 한두 차시 다루고 넘어가는 것이 아니라, 각 주요 전략들을 집중적으로 다루어 한 영역의 전략들을 학생들이 충분히 이해하고 연습할 수 있도록 구체적인 단계로 나눌 필요가 있다는 것을 알 수 있었다.

마지막으로, 학습전략 프로그램은 집단에 따라 다양하게 구성되었다. 학습전략 프로그램의 목적과 대상 학생의 특성에 따라 학급, 소집단, 개별 단위로 운영될 필요가 있었다.

이런 인식을 토대로 개발한 학습전략 프로그램은,

구체적인 학습전략을 이해하는 활동과 연습하여 익힐 수 있는 실천 활동을 포함한다. 학습전략 프로그램은 학습전략 사용수준에 따라 여러 단계와 내용으로 나누어진 학습모듈 형태이다. 각 모듈은 20분 단위로 제작되었으며, 학생의 수준에 따라 하나 혹은 여러 개의 모듈을 조합하여 사용할 수 있다. 이에 따라 교사나 학습컨설턴트는 참여하는 대상에 맞춰 프로그램을 재구성할 수 있다.

2. 학습전략 프로그램 내용

가. 프로그램의 특징

▌ 학습전략 프로그램은 학습전략 사용수준이 낮은 학생부터 학습전략을 어느 정도 사용하는 학생까지 적용대상을 확대할 수 있도록 전반적인 학습전략을 다루고 있다. 프로그램은 학습전략사용의 수준의 따라 낮은 단계부터 높은 단계의 모듈로 구성되어 있어 어느 수준에 있는 학생이든 그 수준에 맞는 모듈을 취사선택할 수 있도록 되어 있다.

▌ 학습전략 프로그램은 학습전략의 이해 → 실천 → 점검의 과정으로 구성되어 있다. 학생은 학습전략을 사용하는 이유를 먼저 이해하고, 그 이해를 바탕으로 학습전략을 충분히 연습한 후, 학습전략 수준을 스스로 평가하는 과정을 거친다.

▌ 학습전략 프로그램은 학습전략 사용수준이 낮은 학생도 기초 전략부터 순차적으로 익힐 수 있도록 구성되어 있다.

▌ 학습전략 프로그램은 교사나 학습컨설턴트가 프로그램을 구성할 때 목적과 대상에 맞게 예방적 접근과 처치적 접근, 집단과 1:1 개별 적용이 모두 가능하다.

나. 프로그램 내용 모형

본 프로그램은 집중력관리, 학습동기관리, 기억력관리, 시간관리 및 목표설정의 기본 학습전략과 수업관리, 시험관리, 과제관리의 학습상황에서 사용되는 보조 학습전략으로 구성되어 있다.

본 프로그램에서는 학생의 학습습관을 형성하고 동기를 부여하는 목표설정과 시간관리, 과제관리를 하나로 묶어 1) 시간관리 프로그램을 개발하였고, 학업성취가 저조한 주요 원인을 해결하는 동시에 학습의 근간이 되는 2) 집중전략 프로그램과 3) 기억전략 프로그램, 그리고 학습자료 파악에 핵심능력이 되는 4) 읽기전략 프로그램을 포함하였다. 마지막으로 학습에 투여된 노력이 성과로 나타나기 위해서는 시험을 준비하는 방법에 대한 이해와 연

습이 필요하다는 연구자들의 현장경험을 반영해 5) 시험관리 프로그램을 포함시켰다. 수업
관리는 집중전략과 기억전략의 4단계에 포함하였다. 이에 본 학습전략 프로그램은 5개 영
역(① 시간관리, ② 집중전략, ③ 기억전략, ④ 읽기전략, ⑤ 시험관리) 으로 구성되었다.

　　촉진기술인 관찰, 칭찬, 성찰은 교사나 학습컨설턴트가 프로그램을 진행하거나 전문성을
함양하는데 요구되는 기술이다. 먼저, 관찰은 교사나 학습컨설턴트가 학생들이 학습상황에
서 보이는 특성이나 문제를 파악하고, 학생의 변화를 면밀히 살핀 후 적절한 처치를 하는데
필요하다. 그리고 학생들의 약점보다는 강점을 칭찬하여 강점을 중심으로 성장해 나갈 수
있도록 하는 것을 지도 목표로 삼아야 할 것이다. 마지막으로 성찰은 프로그램 운영 후 수
업방법, 학생과의 상호작용 등을 성찰하여 다음 프로그램을 개선시켜 나가야 한다.

　　본 프로그램을 운영하는 교사나 학습컨설턴트는 목표설정, 시간관리, 집중전략, 기억전
략, 읽기전략과 같은 기본적 학습전략을 익혀 수업이나 시험, 과제 수행 등 특정상황에 적
절한 학습전략을 사용할 수 있도록 학생을 지도해야 한다. 그리고 그 지도 과정에 관찰, 칭
찬, 성찰의 촉진기술을 사용하여 학생들과 긍정적으로 상호작용하며 프로그램 운영과정을
적절히 변화시켜 나갈 수 있는 전문성을 겸비해야 한다.

[그림 1] 자기주도적 학습역량강화

다. 프로그램 모듈 구성 모형

과정 \ 단계		전략 수준의 단계			
		1단계	2단계	3단계	4단계
전략 습득 과정	이해				
	실천				
	점검				

　학습전략 사용에 결손을 가진 학생이 학습전략을 효과적으로 익히는 과정은 이해 → 실천 → 점검이다. 학습전략 습득과정은 학습전략에 대해 이해하고, 실제 연습해 보면서 전략을 제대로 사용한 것인지 점검을 통해 자신에게 맞는 학습전략을 익히는 것이다.

　학습전략 프로그램은 학습전략 수준이나 과정에 따라 단계별로 되어 있다. 집중전략, 기억전략, 읽기전략 영역은 1~4·5단계로 나눠 있다. 하위 수준인 1단계에서 점차 수준이 높아지도록 되어 있고, 마지막 단계에서는 학습상황에 맞게 앞서 배운 전략을 종합하여 적용해 보도록 되어 있다. 시간관리와 시험관리는 단계를 수준이 아니라, 절차적 과정으로 나눠 1단계에서 4단계까지 진행되면서 일련의 시간관리나 시험관리 과정과 전략을 익히도록 되어 있다.

라. 프로그램의 영역별 모듈 구성

1) 시간관리

영역	단계 주제에 따른 모듈	단계			
		1단계	2단계	3단계	4단계
시간 관리	주제	꿈 찾기 〈진로〉	꿈을 위한 준비하기 〈시간계획〉	꿈으로 가는 시간 만들기 〈시간의 중요성 인식〉	꿈을 향해 나아가기 〈시간계획의 실천〉
	모듈 1	[이해] 나는 미래에 어떤 모습일까?	[이해] 꿈을 이루려면 무엇을 해야 할까?	[이해] 시간관리는 왜 중요할까?	[이해] 시간 낚시하기
	모듈 2	[이해] 꿈 주령구 만들기	[이해] 꿈을 이루기 위한 일주일 계획 세우기	[이해] 꿈을 이룬 위인들의 시간관리 엿보기	[이해] 시간 매트릭스
	모듈 3	[이해] 다양한 직업 알기	[이해] 꿈으로 가는 하루 3시간+ 계획표 작성하기	[이해] 시간개념 알아보기	[실천 및 점검] 시간 사용 점검하기
	모듈 4	[이해] 꿈 나무 만들기 (모둠활동)		[이해] 나의 하루 살펴보기	[실천 및 점검] 미루기 극복하기
	모듈 5	[이해] 꿈 지도 만들기 (개별활동)			

2) 집중력

영역	주제에 따른 모듈 / 단계	1단계	2단계	3단계	4단계
			단계		
집중력	주제	집중이 잘되는 환경 만들기 〈환경관리〉	청각적 주의집중력 〈기초수준의 집중력 훈련〉	시각적 주의집중력 〈기초수준의 집중력 훈련〉	학습 주의집중력 〈심화수준의 집중력 훈련〉
	모듈 1	[이해] 집중력이란 무엇일까?	[이해] 청각적 주의집중력이란 무엇일까?	[이해] 시각적 주의집중력이란 무엇일까?	[이해] 수업에서 주의집중력 관리하기
	모듈 2	[이해] 나의 공부환경 알아보기	[연습활동] - 2.2. 동요 듣고 가사 따라 그리기 - 2.3. 오른손, 왼손 게임, 숫자 더하기 게임하기 - 2.4. 듣고 기억하기 - 2.5. 모눈종이 그리기 - 2.6. 귓속말 전달하기 - 2.7. 이야기 듣고 답하기	[연습활동] - 3.2. 서로 다른 부분 찾기 - 3.3. 숨은 글자 찾기 - 3.4. 숨은 그림 찾기 - 3.5. 거울 그림 그리기 - 3.6. 패턴 인식하기·패턴 기억하기 - 3.7. 이야기 읽고 답하기	[연습활동] 집중해서 읽은 내용 정리하기
	모듈 3	[이해] 집중이 잘 되는 환경 만들기			[연습활동] 집중해서 보고 들은 내용 정리하기
	모듈 4	[이해] 집중이 잘 되는 마음가짐			[실천 및 점검] 학습 주의집중력 점검하기
	모듈 5	[실천 및 점검] 집중 환경 점검하기	[실천 및 점검] 2.8. 청각적 주의집중력 점검하기	[실천 및 점검] 3.8. 시각적 주의집중력 점검하기	

3) 기억력

영역	단계 / 주제에 따른 모듈	단계			
		1단계	2단계	3단계	4단계
시간 관리	주제	기억의 과정과 작업기억전략	기초 장기기억전략	심화 장기기억전략	수업장면에서 기억력 관리
	모듈 1	[이해] 기억력이란 무엇일까?	[이해] 끼리끼리 모아서 외우기	[이해] 이야기 만들어 외우기	[실천 및 점검] 수업장면에서 기억력 관리
	모듈 2	[연습활동] 작업기억력 높이기	[이해] 첫 글자만 모아서 외우기	[이해] 표 만들어 외우기	
	모듈 3	[연습활동] 보고보고 또 보면서 외우기	[이해] 머릿속에 그려서 외우기	[이해] 서로서로 연결해서 외우기	
	모듈 4	[연습활동] 싹둑싹둑 잘라서 외우기			

4) 읽기전략

영역	주제에 따른 모듈	1단계	2단계	3단계	4단계	5단계
		단계				
시간 관리	주제	글의 의미대로 나누기 〈읽기의 사칙연산; 나눗셈(÷)〉	글의 의미에 맞게 연결하기 〈읽기의 사칙연산; 덧셈(+)〉	글의 핵심의미만 오려내기 〈읽기의 사칙연산; 뺄셈(-)〉	글의 행간의미 배가하기 〈읽기의 사칙연산; 곱셈(×)〉	글 읽기의 실제 〈읽기 전·중·후 전략 익히기〉
	모듈 1	[이해] 글이란 무엇이고, 어떻게 구성되어 있을까?	[이해] 글은 어떻게 연결되어 있을까?	[이해] 글에서 중요한 내용은 무엇일까?	[이해] 숨은 의미를 어떻게 찾을까?	[이해] 글을 읽기 전, 무엇을 해야 할까?
	모듈 2	[연습활동 1수준] 문장을 의미중심으로 나누기	[연습활동] 문장 연결하기	[연습활동 1수준] 제목, 중심내용, 세부내용 구분하기	[연습활동 1수준] 숨은 의미 찾기	[연습] 글 이해 전략 익히기
	모듈 3	[연습활동 2수준] 문단을 의미중심으로 나누기	[연습활동] 문장 이어주는 말 찾기	[연습활동 2수준] 제목, 중심내용, 세부내용 연결하기	[연습활동 2수준] 숨은 의미 상상하기	[실천 및 점검] 글 이해 전략 실천하기
	모듈 4	[실천 및 점검] 읽기의 나눗셈 실천하기		[연습활동 3수준] 제목, 중심내용, 세부내용 구분하고 요약하기		

5) 시험관리

영역	단계 / 주제에 따른 모듈	단계			
		1단계	2단계	3단계	4단계
집중력	주제	시험준비 방법 알기	시험준비 시작하기 〈행동 조절〉	시험불안 극복하기 〈정서조절〉	시험치기 전략 알기 〈인지조절〉
	모듈 1	[이해] 시험관리란 무엇일까?	[이해] 목표점수는 어떻게 정할까?	[이해] 시험불안이란 무엇일까?	[이해] 시험치기 전략이란 무엇일까?
	모듈 2	[이해] 공부습관 알아보기	[이해] 시험범위 확인과 시험공부 방법 정하기	[이해] 시험불안 수준 알아보기	[실천] 시험치기 전략 활용하기
	모듈 3	[이해] 시험준비 방법 알아보기	[이해] 공부시간 계산하기	[이해] 시험불안 극복 방법 1	[점검] 시험결과 분석하기
	모듈 4		[이해] 시험계획 세우기	[이해] 시험불안 극복 방법 2	[점검] 오답노트 작성하기
	모듈 5				[점검] 시험 후 다짐하기

마. 프로그램 활용자료

1) 수록된 수업 자료

본 프로그램은 교사나 학습컨설턴트가 바로 활용할 수 있는 수업자료가 함께 제공된다. 제공되는 자료는 수업지도안 및 교사용 활동지, 수업용 파워포인트 자료가 첨부되어 있다. 단, 답안이 표시되지 않은 학생용 활동지는 학생들이 학생용 워크북을 구입하여 사용하도록 하고 있다.

- 수업 지도안 및 교사용 활동지
- 수업용 파워포인트(PPT) 자료

2) 기타 준비물(권장사항)

기타 준비물로 모둠활동에 필요한 준비 자료가 수업용 지도안에 상세히 표기되어 있다. 수업 전에 지도안을 꼼꼼히 확인하여 명시된 모둠 준비물(예: 도화지, 색연필, 종, 주사위 등)을 미리 준비해 두는 것이 좋다. 학생들의 동기부여를 위해 외적 보상인 스티커나 사탕, 혹은 가벼운 상품 등을 준비할 수 있다.

- 모둠활동 준비물
- 간단한 강화물

3. 학습전략 프로그램 활용방법

　학습전략 프로그램에는 학습전략의 5개 영역(시간관리, 집중력, 기억력, 읽기, 시험관리)이 학습전략의 습득과정과 단계에 따른 모듈로 제시되어 있다. 단계별 모듈구성의 장점은 교사나 학습컨설턴트가 관찰이나 심리검사 결과로 알게 된 학생의 문제를 해결하기 위한 프로그램을 할애된 시간에 맞게 구성해서 사용할 수 있는 것이다. 예를 들어 수업시간에 끊임없이 수업저해 행동을 하고 교사의 지시사항을 잘 숙지하지 못하며, 가정에서 과제도 해오지 않는 학생이 있다면 집중전략과 시간관리 프로그램을 학습전략사용 수준에 맞게 구성해서 사용할 수 있다. 프로그램 운영 시간이 충분하지 않은 상황이라면, 집중전략과 시간관리 모듈 중 학생에게 꼭 필요한 모듈만 선별해 자습시간이나 방과후 보충학습시간에 10－20분간 지도해 볼 수도 있다. 또는 학생이 수업 시간에 태도가 좋으며 계획한 대로 학습을 하고 과제도 성실히 잘하지만 학습부진을 겪고 있다면, 읽기전략이나 기억전략 프로그램을 적용해 학습의 인지적 측면을 충분히 사용하도록 지도한다. 이로써 내재적인 학습이 일어나고 그것이 학업성취로 이어지는 재미를 맛보는 경험을 해보도록 한다.

**　지금까지 본 연구팀의 프로그램 운영 경험에 따르면,**

　초등학생은 학습전략을 구체적으로 배운 경험이 많지 않고 아직 학습량이 많지 않으며 어려운 과제에 대한 부담이 크지 않아 시간적 여유가 있기 때문에, 여러 영역의 학습전략을 쭉 훑듯 한꺼번에 가르치는 것보다 한 학기에 한 영역씩 순차적으로 배워나가는 것이 더 효과적이다(예, 4학년 1학기; 시간관리 → 4학년 2학기; 집중력전략 → 5학년 1학기: 기억력전략 → 5학년 2학기: 읽기전략 → 6학년 1학기: 시험관리). 학습전략을 배우기 시작하는 좋은 시점에 대해 교사나 학습컨설턴트에 따라 생각이 다르겠지만, 본 연구팀은 가능한 초등학교 4학년 이후에 일찍 접하는 것이 좋다는 생각이다. 본 학습전략 프로그램은 초등 4학년부터 배울 수 있는 수준으로 되어 있다. 다만 초등 4학년 학생들에게는 집중력전략과 기억력전략, 시간관리와 같은 학습전략의 기본이자 핵심인 전략을 먼저 지도하도록 추천한다.

　프로그램의 운영 목적에 따라 예방적 차원의 접근이라면 앞서 제시한 초등학생의 예시처럼 영역 순서대로 순차적으로 운영하는 것이 바람직할 것으로 생각된다. 하지만 처방적 차원의 접근으로 학생의 특성과 문제점을 정확히 파악하고 있다면 프로그램 모듈을 교사가 선별하여 학생의 학습문제 해결을 위한 단기적 처치를 제공하는 것이 최선일 것이다.

가. 학습전략 프로그램의 학습모듈

학습모듈이란 학습교재 또는 학습교재 개발을 위한 기초자료이다(최동선 외, 2014). 학습모듈은 잘 정의된 프로그램의 전체 구성의 일부분으로, 모듈은 여러 프로그램 구성자에 의해 나눠질 수 있으며 모듈이 서로 모여 하나의 완전한 프로그램이 만들어질 수 있다. 즉, 자율적이고 독립적인 학습단위로써 학습모듈을 생각할 수 있다(Finch & Crunkilton, 1999). 모듈이 어떻게 체계적이고 논리적인 흐름으로 구성되느냐는 그 체계와 논리를 구성하는 사람에 따라 달라질 수 있다.

본 학습전략 프로그램은 시간관리 16개, 집중력전략 25개, 기억력전략 11개, 읽기전략 17개, 시험관리 16개 총 85개 학습모듈로 구성되어 있다. 학습전략 프로그램의 학습모듈은 어떤 프로그램 구성자가 어떤 목적으로 어떤 대상을 위해 모듈을 어떻게 구성하느냐에 따라 모두 다른 학습프로그램으로 완성될 수 있는 구조이다. 이런 학습모듈단위로 학습전략 프로그램이 구성됨으로써 맞춤형 학습전략 프로그램의 구성이 가능하다.

구분	시간관리			
	1단계	2단계	3단계	4단계
이해	모듈 1-1	모듈 2-1	모듈 3-1	모듈 4-1
이해	모듈 1-2	모듈 2-2	모듈 3-2	모듈 4-2
이해, 실천	모듈 1-3	모듈 2-3	모듈 3-3	모듈 4-3
실천	모듈 1-4		모듈 3-4	모듈 4-4
실천, 점검	모듈 1-5			

구분	집중력			
	1단계	2단계	3단계	4단계
이해	모듈 1-1	모듈 2-1	모듈 3-1	모듈 4-1
이해, 실천	모듈 1-2	모듈 2-2	모듈 3-2	모듈 4-2
실천	모듈 1-3	모듈 2-3	모듈 3-3	모듈 4-3
실천	모듈 1-4	모듈 2-4	모듈 3-4	모듈 4-4
실천, 점검	모듈 1-5	모듈 2-5	모듈 3-5	

맞춤형 학습전략프로그램

시간관리 모듈 1-1	시간관리 모듈 1-2, 3
시간관리 모듈 2-1	시간관리 모듈 3-1

집중력 모듈 1-2	집중력 모듈 2-1, 2
집중력 모듈 3-1, 2, 3	집중력 모듈 4-1

기억력 모듈 1-1, 2	기억력 모듈 2-1, 2, 3
기억력 모듈 3-1	기억력 모듈 4-1

구분	기억력			
	1단계	2단계	3단계	4단계
이해	모듈 1-1	모듈 2-1	모듈 3-1	모듈 4-1
이해, 실천	모듈 1-2	모듈 2-2	모듈 3-2	
실천	모듈 1-3	모듈 2-3	모듈 3-3	
실천	모듈 1-4			

[그림 2] 학습모듈단위 맞춤형 학습전략프로그램 구성 방법

나. 맞춤형 학습전략 프로그램 설계 및 운영방법

1) 진단

- 심리검사 실시
- 학생 관찰 및 면담 실시
- 학생의 기존 학습수행내용 분석
- 진단결과 분석
- 문제정의

2) 프로그램 설계

- 문제해결방향과 목표설정
- 문제해결을 위한 학습전략 주제 선정
- 문제해결 수준에 맞는 학습모듈 선정
- 처치프로그램 설계

4) 종결

- 문제해결 및 개선정도 평가
- 프로그램의 목표 부합성 평가
- 학생만족도 평가

3) 프로그램 운영

- 처치프로그램 운영
- 학생 반응 관찰 및 면담
- 프로그램의 문제해결 적절성 여부 점검 (학생의 변화 관찰 및 운영 성찰)

1) 진단

진단은 표준화된 자기보고식 학습전략검사를 주로 사용한다. 자기 능력에 대한 인식 수준이 높은 학생일 경우에는 자기보고식 검사의 실시만으로도 신뢰 높은 검사결과를 얻을 수 있다. 하지만 자신의 문제를 정확히 인식하지 못하는 학생을 진단할 때는 학생 관찰 및 면담, 또는 기존 학습수행내용을 함께 검토하거나 수행과제를 제시하여 실제 능력을 확인하는 방법을 병행해야 할 것이다. 진단 후 결과를 분석하여 학습전략에 있어 최우선적인 문제를 정의내린다.

[진단 예시] 개별 학생 사례

- 대　상: 중2 학습부진 학생
- 검사지: 학습전략사용능력 진단검사

17

① 수검된 문항 내용

방과 후 비계획적인 시간 사용 (시간관리)	글의 문단 구분 안 됨 (읽기)

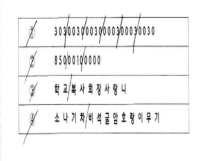

2. 글을 3문단으로 나누어 보세요.

> 태양계 초기에 지구와 같은 행성의 일부가 되지 못한 소행성의 파편들이 떠돌아다니게 되는데 이를 유성체라고 한다. 지구가 태양 주위를 공전하고 있을 때 지구로 끌려 들어온 유성체는 지구대기와의 마찰로 가열되어 빛나는 유성이 된다. 대부분의 유성체는 상공에서 모두 타서 사라지나 큰 유성체는 그 잔해가 지표면까지 도달하는데, 이것이 운석이다. 운석은 구성 성분에 따라 석질운석, 철질운석, 석철질운석으로 나눌 수 있다. 석질운석은 주로 규산염 광물로 이루어진 운석이고, 철질운석은 철과 니켈의 합금으로 이루어진 운석이며, 석철질운석은 규산염 성분과 철질 성분이 섞여있는 운석이다. 운석은 대기권을 진입하면서 고온에 노출되어 검은 빛의 외관을 가지며, 종류에 따라 독특한 내부구조가 나타나기도 한다. 운석 중에서 가장 많은 부분을 차지하고 있는 석질운석은 콘드라이트와 어콘드라이트의 종류로 구분되는데 이 중 콘드라이트에서는 우주공간에서 녹았던 암석이 둥근 구술 모양으로 식은 콘드룰 구조가 나타난다. 철질운석에서는 빗살모양의 비드만스태튼 무늬 구조가 나타나며, 석철질 운석에서는 석질과 철질이 섞여 아름다운 팔라사이트 구조가 나타난다.

청킹 전혀 안됨 (기억력)	주말에 학습활동이 이루어지지 않고 있음 (시간관리)	시각 집중력 수준 낮음 (주의집중력)

2. 다음의 내용을 외우기 쉽게 끊어 보세요.

예) 0518651225 → 051/865/1225

①	3030030003000030030030
②	850001000000
③	학교/복지회장/사랑니
④	소나기 차/비석굴/암호랑이 무기

3. 지난 주말동안 나는 무엇을 했는지 써보세요.

공부	시간	Want	공부 외 활동	시간	Want
~~복습~~	~~2~~	~~X~~	웹툰	1	O
			핸드폰 게임하기	4	O
			책읽기	3	O

※ Want: 스스로 원해서 한 일이면 O 표시 하기

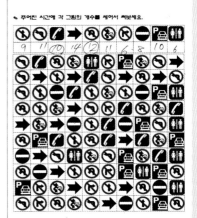

글의 문단 구분 안 됨 (읽기)	단기 기억은 좋으나 분류 안 함 (기억력)

글의 내용을 아래의 구조에 맞게 넣어 보세요.

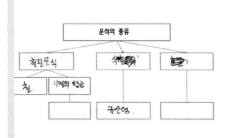

1-2. 앞 페이지에서 외운 단어를 생각나는 대로 써보세요.

토끼	핸드	수박	기차
수박	도로	바나나	축구
야구	호랑이	농구	복숭아
사슴	파랑	주황	사과
자전거	코끼리	빨강	비행기
노랑			

② 진단결과

목표 및 시간관리 (하)	목표유무	개념인식	구체성	효과성	
	있음	있음	있음	없음	

주의집중력 (하)	시각집중력		청각집중력		듣고 핵심 이해
	하		하		하

기억력 (중)	기억용량	분류	유추표상	상징표상	청킹	장기기억 전략사용	작업 기억	처리속도
	상	사용 안함	사용수준 비슷		하	사용하지 않음	상	상

읽기능력 (하)	읽기 장애	전체 내용 이해와 정리	문맥 이해력	
	없음	주제파악 안됨	하	

③ 문제정의

진단결과에 따르면, 전반적인 학습전략 사용수준이 낮은 편이다. 처치전략 투입 기간이 2개월인 점을 고려하여 가장 시급한 전략부터 개입하는 것으로 학교 측과 논의하였다. 가장 먼저 처치할 000학생의 학습전략 주제는 집중력과 기억력이었다. 구체적인 문제는 다음과 같다.

첫째, 청각적 집중력이 낮은 수준이다. 공부를 시작할 때, 주의를 기울여 정보를 파악하고 머리에 그 내용을 입력하는데 시간이 걸리는 편이다. 이야기를 한번 들은 후, 한 번 더 이야기를 들려줄 때 선택적 주의를 기울여 필요한 정보를 습득하는 전략이 부족하다. 수업시간에 집중해서 듣는 편이라고 스스로 생각하고 있지만, 정보파악과 저장은 많이 하지 못하고 있다. 따라서 정보파악 수준을 높이려면 집중이 필요하다는 것을 인식시켜 줄 필요가 있다. 또한, 처음에 정보가 들어올 때 전체적인 맥락을 파악하고 요구되는 정보에 주의를 기울이는 전략을 가르칠 필요가 있다고 판단된다.

둘째, 시각적 집중력이 전반적으로 낮은 수준이고 읽기능력이 부족하다. 읽은 것을 정확히 파악하고 분류하여 조직화하는 능력 수준을 높일 필요가 있다.

셋째, 단기기억력은 좋은 편이나 효율적인 기억전략을 사용하지 못하고 있어 장기기억으로 저장이 잘 되지 않고 있다.

[진단 예시] 집단 사례

∘ 대　상: 초등 6학년 학생 18명
∘ 검사지: 주의집중능력 검사

① 진단결과

영역 대상	전체	시각주의력	청각주의력	학습집중력	지속적집중력	정보처리속도
김00	16(매우부족)	2(다소부족)	3(다소부족)	5(다소부족)	6(다소부족)	78(또래평균)
김00	21(다소부족)	10(매우우수)	5(또래평균)	5(다소부족)	1(매우부족)	50(매우느림)
이00	22(다소부족)	7(다소우수)	6(또래평균)	5(다소부족)	4(매우부족)	62(다소느림)
진00	23(다소부족)	5(또래평균)	4(다소부족)	8(또래평균)	6(다소부족)	77(또래평균)
김00	26(또래평균)	8(다소우수)	4(다소부족)	5(다소부족)	9(또래평균)	
박00	20(다소부족)	2(다소부족)	4(다소부족)	6(다소부족)	8(또래평균)	51(매우느림)
이00	28(또래평균)	8(다소우수)	9(매우우수)	4(다소부족)	7(다소부족)	45(매우느림)
김00	19(다소부족)	6(또래평균)	8(다소우수)	1(매우부족)	4(매우부족)	64(다소느림)
서00	20(다소부족)	6(또래평균)	4(다소부족)	4(다소부족)	6(다소부족)	50(매우느림)
최00	24(다소부족)	9(매우우수)	5(또래평균)	4(다소부족)	6(다소부족)	61(다소느림)
김00	16(매우부족)	1(매우부족)	6(또래평균)	6(다소부족)	3(매우부족)	45(매우느림)
천00	16(매우부족)	4(다소부족)	3(다소부족)	2(매우부족)	7(다소부족)	69(다소느림)
임00	16(매우부족)	5(또래평균)	3(다소부족)	3(매우부족)	5(다소부족)	56(다소느림)
황00	20(다소부족)	6(또래평균)	2(매우부족)	1(매우부족)	11(다소우수)	96(다소우수)
박00	20(다소부족)	4(다소부족)	1(매우부족)	7(또래평균)	8(또래평균)	78(또래평균)
이00	22(다소부족)	3(다소부족)	3(다소부족)	5(다소부족)	11(다소우수)	61(다소느림)
허00	18(다소부족)	5(또래평균)	4(다소부족)	3(매우부족)	6(다소부족)	49(매우느림)
전00	19(다소부족)	4(다소부족)	5(또래평균)	2(매우부족)	8(또래평균)	65(다소느림)

② 문제정의

진단결과, 집중력 수준이 다소 낮은 편이다. 특히 청각적 주의력과 학습 집중력이 낮으며, 정보처리속도가 느린 편이라 정보양이 많을 때 학습 집중력과 집중력 유형이 함께 떨어지는 편이다. 따라서 이 학생들의 경우, 기초수준의 집중력이 요구되며, 정보처리속도가 느린 것을 보완하기 위해 작업기억전략 훈련이 함께 처치될 필요가 있다.

2) 프로그램 설계

　문제를 해결하기 위한 방향과 목표를 정하고, 문제해결을 위한 효과적인 학습전략 주제를 정해 대상의 수준에 맞는 학습모듈을 선정하여 처치프로그램을 설계한다.

　프로그램 설계를 위해서는 주어진 상황과 학생의 해결문제를 알아야 한다. 다음 질문에 답을 해보면서 상황과 문제를 파악할 수 있다.

□ 문제를 해결하기 위해 처치해야 할 주요 주제영역은 무엇인가?
□ 문제해결 방향은 무엇인가?
□ 의뢰대상의 규모(개별, 집단)는 어떠한가?
□ 얼마동안 프로그램을 운영할 수 있는가?
□ 어떤 시간에 프로그램을 운영하는가?
□ 어느 장소에서 프로그램을 운영하는가?

[프로그램 설계 예시]

◦ 문제영역: 기초수준의 집중력 훈련과 시험관리 중 시험준비과정 연습

◦ 문제해결방향: 기초수준의 청각과 시각적 주의력 훈련으로 시작하여, 작업기억 향상을 위한 시연, 청킹전략을 배우고 충분히 연습하도록 한다(진단결과를 통한 방향도출). 초등학교 6학년이지만 시험준비를 체계적으로 해본 경험이 없으므로 중학교 진학을 앞두고 시험관리방법을 배워 학업성취가 향상되는 경험을 해 볼 수 있도록 한다(담당교사의 요구).

◦ 의뢰대상: 초등학교 6학년 학습부진 18명 학생

◦ 프로그램 운영기간: 8주간 16차시

◦ 운영시간: 수요일 방과후 수업

◦ 장소: 과학실

◦ 처치프로그램 설계 내용

회기	차시	학습전략 영역	주제	학습모듈	
1	1 (40분)	집중력	청각적 주의집중력	모듈 2.1 [기초수준] 청각적 주의집중력 이해 (20분)	모듈 2.2 [기초수준] 동요 듣고 가사 따라 그리기 (20분)
	2 (40분)	기억력	기억의 과정과 작업기억전략	모듈 1.2 [기초수준] 작업기억력 높이기 (20분)	모듈 1.3 [기초수준] 보고보고 또 보면서 외우기 (20분)
2	3 (40분)	복습	기초 집중력과 기억력 복습	청각주의력 모듈 2.1 & 2.2 복습 유사한 학습활동 연습 (20분)	기억력 모듈 1.2 & 1.3 복습 유사한 학습활동 연습 (20분)
	4 (40분)	집중력	청각적 주의집중력	모듈 2.4 [기초수준] 듣고 기억하기 (20분)	모듈 2.5 [기초수준] 모눈종이 그리기 (20분)
3	1 (40분)	기억력	기초 장기기억전략	모듈 2.1 [기초수준] 끼리끼리 모아서 외우기 (20분)	모듈 2.3[기초수준] 머릿속에 그려서 외우기 (20분)
	1 (40분)	집중력	시각적 주의집중력	모듈 3.3 & 3.4 [기초수준] 숨은 글자와 그림 찾기 (내용 추려 20분간)	모듈 3.6 & 3.7 [기초수준] 패턴인식하기, 이야기보고 답하기 (내용 추려 20분간)
4	1 (40분)	기억력	기초 → 심화 장기기억전략	모듈 2.2 [기초수준] 첫 글자만 모아서 외우기 (20분)	모듈 3.1 [심화수준] 이야기 만들어서 외우기 (20분)
	1 (40분)		심화 장기기억전략	모듈 3.2 [심화수준] 표 들어서 외우기 (20분)	모듈 3.3 [심화수준] 서로서로 연결해서 외우기 (20분)
5	1 (40분)	기억력	수업장면에서 기억력 관리(수업관리)	모듈 3.2 [심화수준] 수업장면에서 기억력 관리(20분)	유사한 학습활동 연습 (20분)
	1 (40분)	집중력	수업장면에서 집중력 관리(수업관리)	모듈 4.1 [심화수준] 집중해서 읽은 내용 정리하기 (20분)	모듈 4.2[심화수준] 집중해서 보고 들은 내용 정리하기 (20분)
6	1 (40분)	시험관리	시험준비방법 알기	모듈 1.1 시험관리란 무엇일까? (20분)	모듈 1.3 시험준비방법 알아보기 (20분) - 과제제시 모듈 1.2 공부습관 알아보기
	1 (40분)	시험관리	시험준비 시작하기	모듈 2.1 & 2.2 목표점수는 어떻게 정할까? 시험범위와 학습자료	모듈 2.3-5 공부시간 계산하기 시험계획세우는 방법 이해

회기	차시	학습전략 영역	주제	학습모듈		
				확인하기 (내용 추려 20분간)		– 과제제시 시험계획 세우기
7	1 (40분)	시험관리	시험불안 극복하기	모듈 3.2 시험불안 수준 알아보기 (20분)	⇨	모듈 3.3 시험불안 극복방법 1 (20분)
	1 (40분)		시험치기 전략 알기	모듈 4.2 시험치기 전략 활용하기 (20분)	⇨	시험치기 전략 연습(모의시험) (20분)
8	1 (40분)	시험관리	시험치기 전략 알기	모듈 4.3 시험결과 분석하기 (20분)	⇨	모듈 4.5 시험 후 다짐하기 (20분)
	1 (40분)	마무리	점검	점검표 작성	⇨	그동안 프로그램 참여 소감 나누기

3) 프로그램 운영

학생에게 프로그램 진행 취지를 설명하고 프로그램의 운영목적을 이해시킨다. 프로그램을 운영하면서 학생들의 반응을 파악한다. 지속적으로 학생들의 반응과 변화를 관찰하고 면담을 나눈다. 프로그램을 운영하면서 학생에게 목표하는 긍정적 변화가 보이지 않을 때는 설계된 프로그램이 적절한지 검토하고 프로그램 내용이나 수업전략 등을 수정하면서 운영해 나간다.

4) 종결

프로그램이 얼마나 효과적이었는지 검사도구나 만족도 체크리스트, 면담 등의 방법으로 조사하고 분석한다. 문제가 해결되었는지, 프로그램이 목표에 부합했는지 검토한다. 이후 프로그램 효과 평가 결과를 목적과 상황에 맞게 작성하여 학교관계자에게 보고하고 그 내용을 논의한 후 종결한다.

chapter 01

글의 의미대로 나누기

_읽기의 사칙연산; 나눗셈(÷)

CHAPTER 01 | 글의 의미대로 나누기
_읽기의 사칙연산; 나눗셈(÷)

◉ 글의 의미를 파악하기 위해서는 글이 어떻게 구성되어 있는지 알아야 한다. 글은 겉과 속이 다르게 표현되어 있기 때문에 글의 구조를 알고, 비슷한 의미끼리 나눌 수 있어야 글의 흐름을 파악하고 이해할 수 있다.

◉ 제1장은 글의 표면적 구조를 이해하도록 돕는 기초활동으로 구성되어 있다. 글의 의미와 구성을 확인하고, 여러 개의 문장으로 구성된 글을 의미 중심으로 나누어 읽는 방법, 여러 개의 문단으로 구성된 글을 의미중심으로 나누어 읽는 방법에 대한 연습활동이 포함되어 있다.

◉ 읽기의 사칙연산에서 글을 의미대로 나누어 보는 것은 가장 기본적인 단계이다. 따라서 제1장의 내용은 글에 대한 기본 개념과 글 이해가 무엇인지 처음 배우는 학생들 또는 글을 잘 이해하지 못해 학습에 어려움을 겪고 있는 학생들을 대상으로 각 모듈의 활동들을 선택하여 사용하면 효과적일 것이다.

목표

◉ 글이 어떻게 구성되어 있는지 이해할 수 있다.
◉ 글이 '의미'중심으로 어떻게 구성되어 있는지 나누어 구분할 수 있다.

준비물

◉ 교사용 지도안 및 활동지, 학생용 활동지, 수업용 PPT
◉ 교과서 한 권(사회과나 국어과 교과서 중 택 1)

————————————————————————— 모듈 1.1

글은 무엇이고, 어떻게 구성되어 있을까?

준비물	주의점	소요시간
수업용 PPT, 학생용 활동지, 교과서 한 권	학생에게 사회과나 국어과 교과서를 미리 준비하도록 한다.	20분

활동내용

■ 글이 무엇인지 확인하기

① '글이란 무엇일까?'라는 주제를 칠판에 쓰고 학생들에게 짧은 글을 보여준다.

② [학생용 활동지 1]을 나눠주고, 글을 보면서 [활동 1-가]의 1) 어떤 내용이 적혀져 있으며, 2) 누가 쓴 것이며, 3) 무엇에 대한 것인지 4) 어떻게 쓰게 된 것인지 5) 왜 써놓은 것인지, 6) 언제 쓴 것인지, 7) 어디서 쓴 것인지 등 육하원칙을 활용한 질문에 함께 답해 보는 시간을 가진다.

③ [활동 2-나]의 글이란 무엇인지 자신의 생각을 각자 적어보고, 발표하게 한다.

④ 발표한 내용을 바탕으로 교사는 '글'의 사전적 의미를 이야기해준다.

사전

'글'이란 :
1. 생각이나 일 따위의 내용을 글자로 나타낸 기록
2. 학문이나 학식을 비유적으로 이르는 말
3. 글자

활동내용

■ 글이 어떻게 구성되어 있는지 확인하기

 Tip

◦ 교과서의 차례를 보고 몇 개의 단원으로 이루어져 있는지 확인해 보도록 한다. 그리고 단원에는 제목이 있고, 문단이 여러 개 있으며, 각 문단에는 문장이 여러 개 있고 문장에는 여러 개의 단어가 있다는 것을 확인하도록 한다.

◦ 학생이 글의 내용을 이해하기 전에 글이 어떻게 구성되어 있는지 먼저 알아보도록 한다.

① 교사가 학생들에게 교재 한 권을 선정하여 가지고 있도록 한다. 학생들에게 [학생용 활동지 1]을 나눠주고, 학생들이 글의 구성을 파악하면서 [활동지 1-다]의 빈칸을 채우도록 지도한다.

② 학생들이 가지고 있는 교과서 전체를 훑어보게 한다. 교재의 차례를 참고할 수 있다.

③ "교재의 내용은 크게 몇 개의 부분으로 나누어져 있나요?/교재를 어떻게 나눠볼 수 있나요?"라고 질문한다.

  ◦ 몇 개의 단원으로 나눠져 있습니다.

④ "각 단원의 제일 앞에는 무엇이 있나요/단원이 시작될 때 가장 먼저 나오는 것은 무엇인가요?"라고 질문한다.

  ◦ 제목이 붙어있습니다.

⑤ "단원은 어떻게 구성되어 있나요?" 라고 질문한다.

  ◦ 이야기가 여러 개 있습니다. 문단이 여러 개 있습니다.

⑥ "문단은 어떻게 구성되어 있나요?" 라고 질문한다.

  ◦ 문장으로 구성되어 있습니다.

⑦ "문장은 어떻게 구성되어 있나요?" 라고 질문한다.

  ◦ 단어로 이루어져 있습니다.

⑧ 활동지를 확인하면서 글은 자음과 모음이 모여 단어가 되고, 단어가 모여 문장이 되고, 문장이 모여 문단이 되며 그 문단이 하나 또는 여러 개 모여서 글이 된다는 것을 설명한다. 그래서 우리는 단어의 의미를 알고 문장을 이해할 수 있어야 글의 중요한 의미를 파악할 수 있다고 설명한다.

모듈 1.1

글은 무엇이고, 어떻게 구성되어 있을까?

🚩 **활동 1**   각자 가지고 있는 글을 보고, 다음 질문에 답하세요.

가. '글'은 무엇인가요?	나. '글'이란?

▸ 어떤 내용이 적혀져 있는가?

▹ 자신의 생각:

▸ 누가 쓴 것인가?

▸ 무엇에 대한 것인가?

▸ 어떻게 쓰게 되었는가?

▸ 왜 쓰게 된 것인가?

▹ 사전의 의미:

▸ 언제 쓴 것인가?

1. 생각이나 일 따위의 내용을 글자로 나타낸 기록
2. 학문이나 학식을 비유적으로 이르는 말
3. 글자

▸ 어디서 쓴 것인가?

다. 글은 어떻게 구성되어 있을까요?

제목	▶	문단	▶	문장	▶	단어

모듈 1.2

문장을 의미중심으로 나누기

준비물	소요시간
수업용 PPT, 학생용 활동지	20분

활동내용

■ 의미중심으로 나누기

글을 철자에 따라 소리 내어 읽는 과정에서 중요한 것은 의미를 읽어 내는 것이다. 의미를 파악하면서 읽는 방법에 대해 알아본다.

■ 띄어쓰기 중심으로 나눠 읽기

① [학생용 활동지 1]을 나누어 준다.

② [활동 1-1]의 '아버지가 / 방에 / 들어가신다.'를 소리 내어 읽게 한다.

③ 제대로 읽은 학생과 제대로 읽지 못한 학생('가방에 / 들어가신다'로 읽은 학생)이 있는지 확인한다.

④ 그 다음 '어머니가 / 위의 / 물건을 / 내리신다.'를 소리 내어 읽게 한다.

⑤ 제대로 읽은 학생과 제대로 읽지 못한 학생('어머니가위의 / 물건을 / 내리신다'로 읽은 학생)이 어떤 차이가 있는지 확인하고 그 이유를 알아본다.

⑥ 단어의 의미를 생각하면서 띄어 읽어야 한다고 설명한다.

⑦ [활동 1-2]의 '여름에는차가운아이스크림을많이먹는다.'를 띄어 쓰는 대로 읽고 띄어야 하는 부분을 사선치기로 나누게 한다. '여름에는 / 차가운 / 아이스크림을 / 많이 / 먹는다.' 그리고 사선치기 한 내용을 확인한다.

활동내용

■ 의미중심으로 나누어 읽기

① [활동 1-2]에 '여름에는차가운아이스크림을많이먹는다.'를 끊어 읽을 때, 띄어쓰기 중심으로 나눠 읽은 다음, 비슷한 내용끼리 또는 연결되는 내용을 하나로 묶어서 사선을 치고 읽게 한다.

② 의미중심으로 나눌 때가 띄어쓰기 중심으로 나눌 때보다 사선의 수가 적다는 것을 강조한다 (사선의 수: 띄어쓰기 중심 4개 〉 의미중심 2개).

　◦ 띄어쓰기 중심: 여름에는 / 차가운 / 아이스크림을 / 많이 / 먹는다.

　◦ 의미중심: 여름에는 / 차가운 아이스크림을 / 많이 먹는다.

③ [활동 1-2]의 3번 문장 '아침을 거르게 되면 / 뇌에 충분한 영양이 공급되지 않아 / 기억력이 떨어진다.'를 끊어 읽을 때, 띄어쓰기 중심으로 나눠 읽는 것과는 달리 비슷한 내용끼리 또는 연결되는 내용을 하나의 묶음으로 생각하고 사선으로 나누어 읽게 한다.

④ 글을 의미중심으로 나누어 읽는 것을 연습하면 글의 의미 간 연결 관계를 알게 되고 좀 더 빨리 읽게 되어 글을 잘 이해할 수 있다고 설명한다.

⑤ [활동 1-추가활동]을 통해 의미중심으로 나눠 읽는 연습을 한 후 자신이 가지고 있는 교과서의 문장이나 문단에 연습하도록 지도한다.

모듈 1.2
문장을 의미중심으로 나누기

 활동 1 다음 문장을 읽고, 의미대로 나누어 보세요.

 띄어쓰기 중심으로 나누어 읽기

① 아버지가 / 방에 / 들어가신다.

② 어머니가 / 위의 / 물건을 / 내리신다. 그런 / 다음 / 할아버지가 / 수요일에 / 그 / 물건을 / 쓴다고 / 리어카에 / 실으셨다.

 의미 중심으로 나누어 읽기

① 띄어쓰기중심으로 나누어 읽기
여름에는 / 차가운 / 아이스크림을 / 많이 / 먹는다.

② 의미중심으로 나누어 읽기
여름에는 / 차가운 아이스크림을 / 많이 먹는다.

③ 의미중심으로 나누어 읽기
아침을 거르게 되면 / 뇌에 충분한 영양이 공급되지 않아 / 기억력이 떨어진다. / 아침을 꼭 챙겨먹는 학생들은 / 그렇지 않은 학생들 보다 / 기억력이 좋을 수도 있다.

④ 추가활동
우리는 / 알고 싶거나 필요한 정보가 있을 때 / 여러 가지 자료를 통하여 / 정보를 찾는다. / 여러 가지 자료에는 / 무엇이 있을까?

모듈 1.3

문단을 의미중심으로 나누기

준비물	소요시간
수업용 PPT, 학생용 활동지	20분

활동내용

■ 문단을 괄호 묶기

 Tip

◦ 문단이 여러 개 있는 글에서 각 문단은 나름의 의미가 있다. 각 문단은 서로 연결되어 있다. 글의 내용 파악에서 중요한 것은 각 문단이 어떻게 연결되어 있는지 찾는 것이다.
◦ 들여쓰기에 따라 문단을 나누는 것이 일반적이지만 글의 흐름을 명확히 파악하기 위해서는 의미를 확인하여 비슷한 내용을 담고 있는 2개 이상의 문단을 하나로 묶을 수 있어야 한다.
◦ 문단 하나가 괄호 안에 들어갈 수도 있고, 문단 두 개 이상이 하나의 괄호 안에 들어갈 수도 있다.

■ 문단의 수를 확인하고 괄호 묶기

① [학생용 활동지 1]을 나눠준다. 활동지에 제시된 글을 읽어보게 한 다음, 총 몇 문단으로 구성되어 있는지 물어 본다.

② 들여쓰기로 시작하여 다음 들여쓰기 전까지를 문단이라고 설명한다. 각 문단 앞에 번호를 붙이게 한 다음, 글이 5개 문단으로 구성되어 있음을 확인한다.

③ 다시 한 번 글을 읽게 한 다음 1~5문단까지 각 문단의 중심내용을 알아본다. 1문단은 꼬리잡기와 그림자밟기에 대한 내용을 예고하는 문단임을 설명하며 문단 1을 괄호하도록 한다.

④ 다시 돌아와서 1문단에서 말하는 꼬리잡기의 내용을 몇 번째 문단에서 설명하고 있는지 물어본다. 2, 3문단이 꼬리잡기 내용이라는 것을 확인하고, 두 개의 문단을 묶어서 괄호하도록 한다.

⑤ 그 다음, 그림자밟기의 내용이 몇 번째 문단에 나와 있는지도 물어본다. 4, 5문단이 그림자밟기 내용이라는 것을 확인하고, 두 개의 문단을 묶어서 괄호하도록 한다.

⑥ 문단은 5개로 되어 있지만 괄호 3개로 묶을 수 있다고 설명한다. 첫 번째 괄호에는 1문단, 두

활동내용

번째 괄호에는 2, 3문단, 세 번째 괄호에는 4, 5문단이 들어간다고 설명한다.

⑦ 내용이 비슷한 문단끼리 괄호로 묶는 것이 글 전체의 의미를 이해하는 데 중요함을 설명한다.

■ 문단의 수를 확인하고 괄호묶는 연습하기

① [활동 2]에 제시되어 있는 글로 [활동 1]처럼 연습해 본다. 글을 읽게 한 다음 각 문단 앞에 번호를 붙이고, 총 몇 문단으로 구성되어 있는지 물어본다(5문단).

② 다시 한 번 글을 읽게 한 다음 1~5문단까지 각각의 문단이 무엇을 말하려 하는지 생각해보고, 활동 1에서처럼 비슷한 문단들끼리 묶어서 괄호를 해보도록 한다. 총 몇 개의 괄호가 만들어졌는지 물어본다. (3개의 괄호)

③ 3개의 괄호 각각에 몇 번째 문단이 들어가는지 물어본다.

　◦ 첫 번째 괄호(1문단), 두 번째 괄호(2문단, 3문단, 4문단), 세 번째 괄호(5문단)

④ 괄호한 것을 살펴보고, 왜 그렇게 괄호를 하였는지 괄호한 것의 오른쪽에 간단히 적어보게 한다.

⑤ 적은 이유를 발표하게 한다.

⑥ 총 5개의 문단으로 되어 있지만 문단의 의미 관계에 따라 3개의 괄호로 묶을 수 있음을 설명한다.

⑦ 각각의 문단이 제시하는 것이 다르더라도 비슷한 내용끼리 하나의 괄호로 묶어서 나눌 수 있다고 설명한다.

⑧ 이렇게 하면 글 전체 내용을 부분으로 나누어 이해할 수 있고, 부분으로 나눈 내용을 바탕으로 글 전체 내용을 파악하여 글의 흐름을 쉽게 이해할 수 있다고 설명한다.

모듈 1.3

문단을 의미중심으로 나누기

활동 I   다음 문장을 읽고, 문단을 의미중심으로 나누어 보세요.

(옛날 어린이들이 즐기던 놀이에는 여러 가지가 있습니다. 그 중에서 꼬리잡기, 그림자밟기는 어떻게 하는 놀이인지 알아봅시다.)

(우선, 꼬리잡기는 같은 줄의 맨 앞사람이 맨 뒷사람을 잡는 놀이입니다. 이 놀이를 하려면 먼저 여러 사람이 한 줄로 늘어섭니다.

  그리고 뒷사람은 앞 사람의 허리를 잡고 몸을 구부립니다. 맨 앞 사람이 술래가 되어 맨 뒷사람을 잡습니다.)

(그림자밟기는 가위 바위 보로 술래를 정하여 술래가 뛰어 도망 다니는 아이들의 그림자를 밟아서 잡는 놀이입니다.

  그림자가 밟혀서 잡힌 아이는 교대하여 술래가 되며, 끝내 잡지 못한 술래는 노래를 하거나 춤을 추어야 하는 벌을 받게 됩니다.)

(교육부, 2014)

활동 2   다음 문장을 읽고, 문단을 의미중심으로 나누어 보세요.

(사람들이 가장 좋아하는 애완동물이 무엇인지 맞춰보아라. 이 동물은 집에 들어오면 제일 먼저 꼬리를 흔들며 반긴다. 아주 영리해서 주인의 말귀도 잘 알아듣는다. 사람을 잘 따르고, 한 가족처럼 지내는 동물은 바로 개다.)

(개는 냄새로 생활을 한다. 먹이를 찾는 것도, 새끼가 어미를 알아보는 것도, 이성 친구를 찾는 것도 모두 냄새로 한다. 그래서 낯선 곳에 가면 여기저기 냄새를 맡느라 정신이 없다.

  개는 소리를 아주 잘 듣는다. 사람이 들을 수 없는 높은 소리도 들을 수 있다. 그리고 어두운 곳에서도 잘 볼 수 있고, 움직이는 물체를 잘 알아본다. 하지만 색깔을 잘 구별하지 못한다.

  개는 자기를 길러준 주인을 어디든지 따라가서 잘 적응하며 살 수 있다. 특히, 주인에게는 충성심을 가지고 그 밖의 낯선 사람들을 경계한다.)

(우리나라에는 개의 충성심에 대해 전해져 내려오는 이야기가 많다. 그 중에서 불구덩이에 있는 주인을 구하고 죽은 개의 이야기가 널리 알려져 있다.)

(교육부, 2014)

모듈 1.4
읽기의 나눗셈 실천하기

준비물	소요시간
수업용 PPT, 학생용 활동지	20분

활동내용

■ 글의 의미를 확인하는데 필요한 활동 정리하기

① 의미중심으로 나누어 읽기

　◦ 글의 철자를 소리 내어 읽는 과정에서 중요한 것은 의미를 읽어 내는 것이다. 의미를 파악하면서 사선으로 나누며 글을 읽어 본다.

② 여러 개의 문단을 괄호하면서 의미를 파악하기

　◦ 글을 읽으면서 각각의 문단에 번호를 붙이고, 각각의 문단이 제시하는 내용이 무엇인지 생각하면서 비슷한 내용으로 연결되는 문단들을 괄호로 나누어 본다.

　◦ 문단에 번호를 붙이고, 총 몇 문단으로 구성되어 있는지 확인한다.

　◦ 각각의 문단을 읽으면서 비슷한 내용으로 연결된 문단들끼리 괄호로 묶어 본다.

　◦ 총 몇 개의 괄호가 나오는지 확인하고, 각각의 괄호에 어떤 문단이 포함되는지 적어본다.

　◦ 괄호를 한 이유를 괄호 오른쪽에 간단히 적어본다.

　◦ 총 문단의 개수와 각 괄호에 포함되는 문단을 이야기하고, 왜 그렇게 나누었는지 발표한다.

③ [종합정리 활동]을 통해서 의미중심으로 나누어 읽기와 여러 개의 문단을 괄호하면서 의미를 파악하고 이와 함께 문맥(글의 흐름)을 파악할 수 있다는 것을 설명한다. 글의 흐름을 파악하게 되면 자신이 읽은 글을 쉽고 간단하게 정리해서 발표할 수 있게 됨을 강조하며 설명한다.

모듈 1.4

읽기의 나눗셈 실천하기

 활동 1   다음 문장을 의미대로 나눈 후 아래의 문제에 답해보세요.

(과학자들은 / 가뭄이 들지 않더라도 / 물이 부족해지는 사태가 / 올 것이라고 말한다. / 앞으로 다가올지도 모르는 / 물 부족 현상을 막기 위해서는 / 평소에 물을 아껴 써야 한다. / 그렇다면 우리가 물을 아낄 수 있는 방법에는 / 어떤 것이 있는지 생각해보자. /)

(첫째, / 양치를 하거나 세수를 할 때에는 / 양칫물을 컵에 받아서 쓰고 세숫물은 세면대에 받아서 쓰자. / 그러면 필요한 만큼의 물만 사용하게 되어 물을 아낄 수 있다. /
 둘째, / 수세식 변기에 / 벽돌이나 물을 담은 병을 넣어 두는 것도 좋은 방법이다. / 이렇게 하면 많은 양의 물을 절약할 수 있다. /
 셋째, / 기름이 묻은 그릇은 / 미리 휴지 등으로 기름을 닦아 내고 설거지를 하자. / 이렇게 하면 설거지하는 데에 쓰이는 물이 줄어들어서 / 물을 절약할 수 있다. /)

(그 밖에도, / 일상생활에서 물을 아낄 수 있는 방법은 많다. / 우리 주변에서 무심코 낭비되는 물이 있는지 다시 한 번 살펴보고, / 낭비되는 물을 아끼는 방법을 생각하여 / 그 방법을 일상생활에서 실천하도록 하자. /)

(교육부, 2009)

1. 의미중심으로 나누어 읽으면서 사선으로 표시해 보세요.
2. 총 몇 문단인가요? (5   ) 문단
3. 총 몇 개의 괄호로 묶일 수 있나요? (3   ) 괄호
4. 각 괄호에 해당하는 문단은 어떤 문단인가요?   괄호1 (1   )   괄호 2 (2, 3, 4)
   괄호 3 (5   )

글의 의미에 맞게 연결하기

_읽기의 사칙연산; 덧셈(+)

CHAPTER 02

글의 의미에 맞게 연결하기
_읽기의 사칙연산; 덧셈(+)

◉ 글은 문장 하나하나가 모여서 구성된다. 문장과 문장을 연결하는 접속어를 활용하여 연결 관계를 파악하면 글을 더 잘 이해할 수 있게 된다.

◉ 제2장은 글의 내용을 연결하는 활동과 문장들을 서로 연결해주는 접속어를 찾아보는 활동으로 구성되어 있다.

◉ 읽기의 사칙연산에서 글의 의미에 맞게 문장을 연결하는 것은 문장들이 하나, 둘씩 더해짐으로써 복잡해지는 글의 흐름을 잘 파악할 수 있게 한다. 제2장은 글의 내용 전개와 연결 관계를 잘 파악하지 못하는 학생을 대상으로 각 모듈을 선별적으로 사용할 수 있다.

목표

◉ 글의 의미를 파악하여 문장을 연결할 수 있다.
◉ 접속어를 이해하고 활용할 수 있다.

준비물

◉ 교사용 지도안 및 활동지, 학생용 개별 활동지
◉ 교과서 한 권

모듈 2.1

글은 어떻게 연결되어 있을까?

준비물	소요시간
수업용 PPT, 학생용 활동지, 교과서 한 권	20분

활동내용

■ 글이 무엇인지에 대해 확인하기

① 글이 연결되어 있음을 알려주기 위해 문장이어가기 놀이를 한다.

② 교사가 먼저 "철수가 학교를 갔다."라고 말한다. 5명의 학생을 정하여 순서대로 교사가 제시한 문장을 이어서 이야기를 만들어 가도록 한다.

③ 교사가 제시한 첫 문장과 이어진 문장들이 자연스럽게 연결되는지 물어본다.

④ 5명의 학생들에게 문장들을 이어가기 위해 어떠한 노력을 했는지 발표하게 한다.

⑤ 글은 문장들이 서로 의미있게 연결되어 있는 것이라고 설명한다.

■ 글의 연결에 대해 확인하기

① 교사가 [학생용 활동지 1]을 나눠주고, 학생들이 생각나는 대로 각자 활동지에 자신의 아이디어를 채울 수 있도록 지도한다.

② 학생들이 가지고 있는 활동지 전체를 훑어보게 한다.

③ [활동 1-가]의 빈칸을 다 채워 넣을 수 있도록 한다.

④ 내용이 다 채워지면 교사는 "누가?"의 ~번, "무엇을?"의 ~번으로 무작위로 불러주고 학생이 가로의 ~번에 있는 아이디어를 동그라미 하도록 한다. 그런 다음 동그라미 한 내용을 연결하여 오른쪽 [활동 1-나]의 빈칸에 재미있는 이야기가 되도록 써보게 한다. 이야기를 쓰면서 추가하고 싶은 내용이 있으면 추가할 수 있음을 알려준다.
   교사는 PPT 화면의 예시로 만든 이야기를 보여준다.

⑤ 학생들이 쓴 이야기를 발표하게 한다.

⑥ 발표를 듣고, 여러 가지 생각들을(글감, 소재 등) 의미 있게 연결하면 재미있는 이야기가 될 수 있음을 설명한다.

⑦ 그러므로 글을 읽고 이해할 때 글의 내용들이 서로 어떻게 연결되어 있는지 확인하는 것이 필요함을 설명하다.

모듈 2.1

글은 어떻게 연결되어 있을까?

 활동 1 다음 빈칸을 채운 후, 이야기를 만들어 봅시다.

 가. 채워 넣기(예시)

	누가? (주인공)	무엇을? (사건)	언제? (시간)	어디서? (장소)	어떻게? (해결)	왜? (이유)
1	할머니	✔소풍을 간다	열매가 열렸을 때	과수원	✔부자가 된다	도움을 받아서
2	강아지	방귀를 뀐다	✔심심할 때	✔숲속	결혼을 한다	좋아서
3	✔외계인	나쁜 마술에 걸린다	크리스마스	우주	이야기를 한다	✔알려주고 싶어서
4	철수	하늘을 난다	가을	놀이동산	재미있게 논다	신기해서

 나. 이야기 만들어 보기(예시)

외계인이 너무너무 심심해서 지구의 숲속으로 소풍을 갔다. 숲속에는 처음 보는 것들이 많았는데 다른 우주인들에게 알려주고 싶어서 이것저것 주위를 살핀다. 꽃, 나무, 공기, 물을 느끼며 외계인은 지구인이 마음의 부자라고 말한 것이 무엇인지 이해하게 된다.

모듈 2.2

문장 연결하기

준비물	소요시간
수업용 PPT, 학생용 활동지, 교과서 한 권	20분

활동내용

■ 글의 내용이 서로 연결되어 있음을 확인하기

① 기차가 어떻게 생겼는지에 대해 질문하고 답하게 한다.

② 수업용 PPT를 보고 기차는 여러 개의 칸(량)으로 나누어져 있고, 이들 칸(량)은 서로 떨어지지 않도록 연결되어 있다고 설명한다. 각각의 칸(량)들이 하나로 연결되어야 기차가 될 수 있다고 설명한다.

③ 기차와 기차의 칸(량)처럼, 글도 내용들이 서로 연결되어야만 하나의 글이 될 수 있음을 설명한다.

■ 의미에 따라 문장 연결하는 방법 이해하기

 Tip

글을 잘 이해하는 사람은 글의 내용을 쉽게 연결하고 조직화할 줄 안다. 글의 내용들은 서로 연결되어 의미를 형성한다. 그러므로 문장 간, 문단 간 글의 의미를 연결하여 전체의 의미를 확인할 수 있어야 한다.

① 앞의 문장과 뒤의 문장 연결하기

◦ 교사는 학생들에게 [학생용 활동지 1]의 두 문장을 보여주고, 두 문장을 연결하여 한 문장으로 만들어 보게 한다. 순서는 상관없으며 연결하는 부분을 수정해도 괜찮다고 설명한다.

  – "수업이 재미있었다.", "열심히 수업에 참여했다."

◦ 두 문장을 각자 연결하여 한 문장이 되도록 [활동 1]의 빈칸에 적어보게 한다. 하나의 정답만 있는 것이 아님을 알려준다.

◦ 각자 자신이 적은 문장을 발표하게 한다. 그리고 서로 비교하게 한다.

활동내용

◦ 발표한 내용들을 어떻게 한 문장으로 정리할 수 있는지 설명해준다.

→ 수업이 재미있어서 열심히 수업에 참여했다.

→ 수업이 재미있었기 때문에 열심히 수업에 참여했다.

→ 열심히 수업에 참여했더니 수업이 재미있었다.

→ 열심히 수업에 참여했기 때문에 수업이 재미있었다.

◦ 이렇게 두 개의 문장은 연결되어 있지 않았지만, 문장의 의미를 생각하여 관계지어서 연결할 수 있다고 설명한다.

② 추가적으로 세 개 문장을 연결하여 한 문장으로 만드는 연습활동을 할 수도 있다.

- 그는 13세이다.

- 그는 초등학생이다.

- 그는 학교 가기를 싫어한다.

모듈 2.2

문장 연결하기

활동 1 다음 문장들을 한 문장으로 연결해 봅시다.

> ① "수업이 재미있었다."   ② "열심히 수업에 참여했다."

□ 수업이 재미있어서 열심히 수업에 참여했다.

□ 수업이 재미있었기 때문에 열심히 수업에 참여했다.

□ 열심히 수업에 참여했더니 수업이 재미있었다.

□ 열심히 수업에 참여했기 때문에 수업이 재미있었다.

> ① 그는 13세이다.   ② 그는 초등학생이다.   ③ 그는 학교 가기를 싫어한다.

□ 그는 13세 초등학생인데 학교 가기를 싫어한다.

□ 그는 초등학생이고, 13세인데 학교 가기를 싫어한다.

□ 학교 가기를 싫어하는 그는 13세 초등학생이다.

□ 학교 가기를 싫어하는 그는 초등학생이고, 13세이다.

모듈 2.3
문장 이어주는 말 찾기

준비물	소요시간
수업용 PPT, 학생용 활동지	20분

활동내용

■ 이어주는 말 찾아 넣기

 Tip

문장들로 구성된 글을 잘 이해하기 위해서는 문장들이 서로 연결되어 있다는 것을 알고 어떻게 연결되어 있는지 파악할 수 있어야 한다. 연결 관계를 잘 파악할 수 있게 도와주는 것이 이어주는 말 즉, 접속어(접속부사)이며 이를 이용하여 문장들을 연결해주는 연습을 해 본다.

① 학생들이 [학생용 활동지 1-1]의 글을 먼저 읽어본 후, 글의 내용이 어떻게 연결될 수 있는지 생각해보고, 이어주는 말을 보기에서 찾아 넣을 수 있도록 지도한다.

② 보기 1)을 같이 해본다.
  ◦ '가난한 사람들의 건강문제는 심각하다. (그러므로) 이들을 위한 집중적인 노력이 필요하다.'

③ 나머지는 각자 스스로 해보도록 한다.

④ 활동을 마친 다음 발표하게 하고 (   )에 들어갈 말에 대해 설명해준다.
  ◦ '내가 반장이 되는 것이 좋겠습니다. (왜냐하면) 반장은 학반을 대표하기 때문에 힘이 있어야 합니다. 나는 운동을 많이 하여 힘이 있습니다.
  ◦ '평소 그는 활기차다. (하지만   ) 오늘 그는 꽤 심각해 보인다.'

⑤ 보기에 들어가는 말이 언제 쓰이는지 설명한다.
  ◦ '오히려', '하지만'은 글쓴이가 말하는 것과 반대되는 것을 알려주는 것이다. 즉, 대조를 할 때 사용되는 것이다.
  ◦ '왜냐하면', '그러므로'는 글쓴이가 그와 관련된 이유를 말하거나 결과를 설명할 때 사용되는 것이다.
  ◦ '즉'은 앞의 글의 의미를 한 번 더 설명하거나 개념을 정의할 때 사용되는 것이다.

활동내용

⑥ 이와 비슷하게 사용되는 접속어에는 또 어떤 것들이 있는지 발표하게 한다.

⑦ 접속어를 잘 보아야 글의 내용을 잘 파악할 수 있다고 설명한다.

 Tip

- 인과관계: ~때문에, 그래서, 따라서
- 목적: ~위해서, ~할 목적으로, ~하기 위해서
- 양보: 그러나, 비록 ~일지라도, 아무리 ~해도, 아직 ~않다.
- 대조: ~와는 반대로
- 조건: 만약 ~그러면, 만약 ~가 아니라면, ~을 제외하고
- 시간: ~하기 전에, 항상, ~한 후에, ~동안, ~할 때, 지금부터

■ 이어지는 문장 찾아보기

① [활동 2]에 있는 글을 먼저 읽은 다음, 이어질 문장을 보기에서 찾도록 한다.

② 학생들에게 [활동 2]의 가, 나에서 자신이 선택한 문장과 선택한 이유를 발표하게 한다.

③ '그런데', '하지만'과 비슷하게 사용되는 접속어에는 또 어떤 것들이 있는 발표하게 한다.

　　→ 반대로, 반면에 등

④ 접속어는 다양하며 글속에서 접속어를 잘 살펴보아야 글의 흐름을 알고 내용을 이해할 수 있다고 설명한다.

⑤ [선택활동]으로 정답과 비슷한 문장을 각자 생각하여 적고, 발표하게 할 수 있다.

모듈 2.3
문장 이어주는 말 찾기

활동 1 다음 문장들을 서로 이어주는 말을 넣어 봅시다.

> 그러므로/ 왜냐하면/ 하지만/ 오히려/ 즉

1) 가난한 사람들의 건강문제는 심각하다. (그러므로) 이들을 위한 집중적인 노력이 필요하다.
   ◦ '이들'은 누구를 말하는 건가요? 가난한 사람들

2) 내가 반장이 되는 것이 좋겠습니다. (왜냐하면) 반장은 학반을 대표하기 때문에 힘이 있어야
   합니다. 나는 운동을 많이 하여 힘이 있습니다.

3) 평소 그는 활기차다. (하지만) 오늘 그는 꽤 심각해 보인다.

활동 2 밑줄에 어떤 문장이 이어져야 하는지 찾아봅시다.

 가.
영희는 날씨가 너무 더워 얼른 냉장고문을 열었습니다. 그런데 냉장고에는 _____.

① 많은 음식들 뿐 마실 것은 하나도 없었습니다.
② 다양한 음식들이 있었습니다.
③ 가득 차 빈틈이 없었습니다.

 나.
할아버지와 경덕이는 가난했지만, _____.

① 언제나 굶으며 살았다.
② 서로 사랑하며 살았다.
③ 너무 힘들게 살았다.

chapter 03

글의 핵심의미만 오려내기

_읽기의 사칙연산; 뺄셈(-)

CHAPTER 03

글의 핵심의미만 오려내기

_읽기의 사칙연산; 뺄셈(−)

◉ 글은 중심내용과 세부내용으로 구성되어 있다. 중심내용은 글에서 가장 중요한 내용이고, 핵심단어(keyword)를 포함하고 있다. 세부내용은 중심내용을 보조하는 기능을 한다. 글의 제목, 중심내용, 세부내용을 구분하고 나열하고 정리하면 핵심의미를 쉽게 파악할 수 있다.

◉ 제3장은 제목, 중심내용, 세부내용을 구분하고 나열하여, 정리하는 모듈로 구성되어 있다.

◉ 읽기의 사칙연산에서 글의 핵심의미만 오려내는 것은 글에서 중요한 내용과 그렇지 않은 내용을 구분할 수 있게 한다. 제3장은 핵심내용을 파악하지 못하는 학생이나 내용 전체를 세세하게 모두 기억하려고 하는 학생들에게 필요한 모듈이다.

목표

◉ 글에서 중심내용과 세부내용을 구분할 수 있다.

◉ 글의 제목, 중심내용, 세부내용을 나열하고 정리할 수 있다.

◉ 글의 핵심의미를 파악할 수 있다.

준비물

◉ 교사용 지도안 및 활동지, 학생용 활동지

◉ 싸인펜(필기구)

모듈 3.1

글에서 중요한 부분은 무엇일까?

준비물	소요시간
수업용 PPT, 학생용 활동지	20분

활동내용

■ 글에서 중요한 부분 찾기

 Tip

◦ 글은 중요한 부분과 중요하지 않은 부분으로 구분될 수 있다.

◦ 어떤 내용을 제외시켜도 이해하는데 문제가 없다면, 그것은 중요하지 않은 부분이라 할 수 있다.

◦ 중요하지 않은 부분을 빼고, 중요한 부분을 정리하는 것은 글의 핵심의미를 파악하는데 필요하다.

■ 중요하지 않은 부분 '빼기' 연습하기

 Tip

핵심의미를 파악하려면 중요하지 않은 부분을 뺄 수 있어야 한다.

① [학생용 활동지 1]을 나누어 준다.

② 제시된 문장 또는 문단을 전체적으로 훑어 읽게 한다.

③ [활동 1]의 가) 문장을 읽은 다음, 중요하지 않은 부분을 빼도록 한다.

　"충무공 이순신 장군은 마산에서 50리 떨어져 있는 충무 앞바다에서 거북선을 모았다."

④ 문장에서 남아있는 내용만으로 문장을 요약해 보도록 한다.

　◦ "충무공은 충무 앞바다에 거북선을 모았다."

　◦ "이순신은 바다에 거북선을 모았다."

⑤ [활동 1]의 나)문장을 읽은 다음, 중요하다고 생각되는 단어를 찾아 밑줄을 긋거나 동그라미

활동내용

표시를 하도록 한다.

  ∘ "사람들이 살아가는 데 꼭 필요한 것은 더위와 추위로부터 몸을 보호해주는 옷, 몸을 건강하게 해주는 음식, 그리고 편안하게 쉴 수 있는 집이다."

⑥ 밑줄 그은 내용으로 요약문을 써보게 한다.

  ∘ "사람들이 살아가는 데 필요한 것은 옷, 음식, 집이다."

  ∘ "사람들이 살아가기 위해서는 옷, 음식, 집이 꼭 필요하다."

⑦ 요약된 내용을 발표하게 한다.

⑧ 문장에서 중요하지 않은 부분을 빼고 나면 중요한 것만 남게 된다. 또는 중요한 단어나 구로 여겨지는 곳에 밑줄을 그어 찾을 수도 있다.

⑨ 시간에 따라서 [활동 1]의 다), 라)에 제시되어 있는 활동을 선택적으로 사용할 수 있다.

모듈 3.1

글에서 중요한 부분은 무엇일까?

활동 1   아래의 글에서 중요하지 않은 부분을 빼고, 간단하고 짧게 다시 적어보세요.

가.

"충무공 이순신은 마산에서 50리 떨어져 있는 충무의 앞바다에 거북선을 모았다."

☐ 충무공은 충무 앞바다에 거북선을 모았다.   ☐ 이순신은 바다에 거북선을 모았다.

나.

"사람들이 살아가는 데 꼭 필요한 것은 더위와 추위로부터 몸을 보호해주는 옷, 몸을 건강하게 해주는 음식, 그리고 편안하게 쉴 수 있는 집이다."

☐ 사람들이 살아가는 데 필요한 것은 옷, 음식, 집이다.
☐ 사람들이 살아가기 위해서는 옷, 음식, 집이 꼭 필요하다.

다.

요즘 사람들은 많은 자료들을 저장하고 그것을 사용하여 새로운 자료를 만드는 데에 노트북을 유용하게 사용한다. 무엇보다 실시간으로 인터넷 검색을 하고, 사진을 찍고, 통화를 하며 메시지를 전송할 수 있는 스마트폰을 사람들은 더 많이 사용한다. 뿐만 아니라 스마트 워치 등 새로운 스마트 기기들이 개발되고 있다.

☐ 요즘 사람들은 스마트 기기들을 많이 사용한다.

라.

우리 반 친구들은 서로 이름을 부르지 않는다. 진수는 남자아이인데 머리를 묶어 다녀서 꽁지머리라고 불린다. 현희는 유난히 검은 피부 때문에 흑진주라고 불리며 세준이는 노래도 잘 부르고 목소리가 마이크 소리처럼 울려서 울림통이라 불린다. 그리고 복동이는 친구들 앞에서 부끄러움 없이 방귀를 자주 뀌어서 뿡뿡이라 불리는데 복동이도 이렇게 불리는 것을 좋아한다.

☐ 우리 반 친구들을 이름대신 별명을 부른다.

모듈 3.2
글의 제목, 중심내용, 세부내용 구분하기

준비물	소요시간
수업용 PPT, 학생용 활동지	20분

활동내용

■ 글에 중요한 내용과 부가설명 확인하기

 Tip

글에는 중요한 내용과 덜 중요한 내용이 같이 나열되어 있다. 글의 중요 내용은 제목, 중심내용, 세부내용을 찾으면서 알게 된다. 글을 읽을 때, 읽는 내용이 중요한 내용인지 부가설명인지 생각하면서 글을 읽고 이해해야 한다.

■ 〈글의 제목, 중심내용, 세부내용 구분〉 연습하기

 Tip

글에 있는 모든 내용이 다 중요한 것은 아니다. 대부분의 글에는 중심내용이 있고, 중심내용을 뒷받침해주는 세부내용이 있다. 중심내용과 세부내용을 구분하기 위해서는 전체 글을 여러 번 읽고, 내용들 간의 연결관계를 파악하는 것이 중요함을 강조한다.

① [학생용 활동지 1]을 나누어 준다.

② 제시된 문장 또는 문단을 전체적으로 훑어보게 한다.

③ [활동 1]의 가) 글을 읽은 다음 글이 어떻게 조직되어 있는지 설명한다.

   ◦ "공부를 잘 하기 위해 알아야 할 어휘"라는 제목이 있고, "공부를 잘 하려면 두 가지 종류의 어휘를 익혀야 한다."라는 중심문장이 있다. 중심문장은 중심내용이 포함되어 있는 것이다.

   ◦ 중심내용을 뒷받침하는 세부내용에는 "1. 전문적인 어휘이다.", "2. 일반적인 어휘이다." 가 있다.

④ 활동지에 제목, 중심내용, 세부내용을 구분하게 하고, 그 내용을 나타내는 문장 옆에 "제목",

활동내용

"중심내용", "세부내용"이라고 적어보게 한다.

⑤ [활동 1]의 나) 글을 읽은 다음 글의 제목을 붙이게 한다.

⑥ 중심내용과 세부내용을 포함된 문장을 찾아 구분하고, 문장 옆에 "중심내용", "세부내용"이라고 적어보게 한 후 전체가 함께 확인한다.

⑦ 모든 글에는 제목, 중심내용, 세부내용이 있으며 그것을 찾아내는 것이 중요함을 설명한다.

모듈 3.2
글의 제목, 중심내용, 세부내용 구분하기

활동 1 아래 글의 제목, 중심내용, 세부내용을 나타내는 문장을 구분해 봅시다.

 가. 공부를 잘 하기 위해 알아야 할 어휘 (제목)

공부를 잘 하려면 두 가지 종류의 어휘를 익혀야 한다. 하나는 전문적인 어휘이다.(중심내용, 중심문장) 수학공부를 할 때 기호가 무슨 뜻인지를 알아야 한다.(첫번째, 세부내용) 다른 하나는 일반적인 어휘이다. 누가 당신에게 '창의적인' 사람이라 부른다면 '창의적인'이 무슨 의미인지 알아야 한다.(두번째, 세부내용)

 나. (사람과 동물의 차이   ) (제목)

사람과 동물은 여러 가지로 차이가 있다.(중심내용, 중심문장) 사람이 편리한 도구를 만들어 생활에 이용할 수 있는 지혜를 가지고 있는 것은 동물과 다른 점이다.(첫번째, 세부내용) 또한, 사람이 말을 사용하여 서로의 뜻을 주고받을 수 있다는 것도 동물과 다르다.(두번째, 세부내용) 그리고 글을 만들어 생각을 기록할 수 있는 것도 다른 동물에서는 찾아볼 수 없다. 또한 사람들은 사회생활을 하면서 서로 돕고 사는 점이 동물과 다르다.(세번째, 세부내용)

모듈 3.3

글의 제목, 중심내용, 세부내용 연결하기

준비물	주의점	소요시간
수업용 PPT, 학생용 활동지	글을 읽으면 글의 제목을 자세하게 설명하기 위해 중심내용을 담고 있는 문장과 세부내용을 담고 있는 문장들이 순서대로 잘 나열되어 있음을 알게 된다. 문장들을 잘 구분하여 알맞게 배열하면 글의 내용을 조직적으로 정리할 수 있다.	20분

활동내용

■ 글의 제목, 중심내용, 세부내용을 구분하여 나열하기

① 〈글에 있는 제목, 중심내용, 세부내용 연결〉 연습하기
  ◦ 학생용 활동지를 나눠준다.
  ◦ 활동지에 제시하는 여러 가지 문장들을 전체적으로 훑어 읽어보게 한다.
  ◦ 활동지에 있는 활동 1), 2)에는 1개의 제목, 1개의 중심내용 그리고 2개의 세부내용이 있다. 제목, 중심내용, 세부내용을 나타내는 문장 옆에 '제', '중', '세'라고 앞글자를 적어 넣는다. 제목, 중심내용, 세부내용 구분 활동을 학생들 스스로 해보게 한다.
  ◦ 내용이 연결되도록 4개의 문장을 순서대로 나열하게 한다.
    – 제목, 중심내용, 세부내용 문장을 순서대로 연결하여 아래 칸에 글로 써보게 한다.
  ◦ 각자 정확히 구분했는지 확인한다.
  ◦ 한 문단의 짧은 글이든 여러 문단으로 된 긴 글이든 글에는 제목, 중심내용, 세부내용이 있으며 내용을 구분 짓고, 이들 내용을 순서대로 연결하는 것이 글의 의미를 이해하는데 중요함을 강조한다.

모듈 3.3
글의 제목, 중심내용, 세부내용 연결하기

활동 1 다음 a~d에는 제목 1개, 중심내용 1개 그리고 세부내용 2개가 있습니다. 제목과 중심내용, 그리고 세부내용을 나타내는 문장의 밑줄에 제, 중, 세라고 적은 후, 내용이 연결되도록 순서대로 나열해 보세요.

---

a. 나는 축구 선수가 되고 싶다. ·· 중

b. 몸도 튼튼해져서 좋다. ·· 세

c. 축구를 하면 기분이 좋아지고 부자가 될 수 있다. ············ 세

d. 나의 소망 ··· 제

▶ 내용이 연결되도록 4개의 문장을 순서대로 나열해보기 : d → a → b(c) → c(b)

활동 2 다음 a~d에는 제목 1개, 중심내용 1개 그리고 세부내용 2개가 있습니다. 제목과 중심내용, 그리고 세부내용을 나타내는 문장의 밑줄에 제, 중, 세라고 적은 후, 내용이 연결되도록 순서대로 나열해 보세요.

---

a. 강아지는 어릴수록 시간과 정성이 더 많이 요구되므로 나이를 고려해야 한다. ··········· 세

b. 강아지 선택하기 ·· 제

c. 강아지를 선택할 때 고려해 보아야 할 몇 가지 요소가 있다. ·········· 중

d. 강아지가 다 자랐을 때의 몸집의 크기도 중요하다. ··············· 세

▶ 내용이 연결되도록 4개의 문장을 순서대로 나열해보기 : b → c → a(d) → d(a)

모듈 3.4

글의 제목, 중심내용, 세부내용 구분하고 요약하기

준비물	소요시간
수업용 PPT, 학생용 활동지, 싸인펜(필기구)	20분 (30분)

활동내용

■ 글에는 중요한 내용과 덜 중요한 내용이 있음을 확인하기

① 글에는 중요한 내용과 덜 중요한 내용이 같이 나열되어 있다. 중요한 내용은 쉽게 찾을 수 있기 도 하지만 쉽게 찾을 수 없는 경우가 많다. 그러므로 중요한 내용과 덜 중요한 내용을 구분할 수 있는 요령이 필요하다.

② "우리의 몸은 어떻게 구성되어 있나요?", "우리의 몸을 들여다볼 수 있는 사진기 또는 X-ray 로 찍는다면 무엇이 찍힐까요?"
　◦ 뼈대, 위, 장 등이 있습니다.

③ 우리의 몸에서 가장 중요한 것은 뼈대이다. 뼈대에 살이 붙어있어 우리 몸이 만들어지는 것처 럼 글에도 뼈대가 있다. 이 뼈대가 중요한 내용이며 각각 뼈들이 어떻게 연결되어 큰 뼈대를 만드는지 알아야함을 설명한다.

■ 〈글에 있는 제목, 중심내용, 세부내용 정리〉 연습하기

 Tip

글에 있는 제목, 중심내용, 세부내용을 찾아 요약 정리하는 것이 글의 핵심내용을 파악하는데 중요함 을 강조한다.

① 학생용 활동지 1을 나눠준다.
　활동 1의 가) 글을 읽은 다음 글이 어떻게 조직되어 있는지 설명한다.

② "세계의 빵"이 제목이고. "세계의 여러 나라 사람들은 다양한 빵을 먹는다"가 중심내용이다.

활동내용

중심내용이 포함된 문장을 중심문장이라고 한다. 그리고 중심내용을 구체적으로 설명하는 세부내용(프랑스 - 밀가루, 긴 바게트 빵 / 러시아, 북유럽 - 호밀, 딱딱, 검은, 독특한 맛을 가진 빵 등)이 있다.

③ 활동지에 제목, 중심내용, 세부내용을 구분하게 하고 그 내용을 표에 정리하게 한다. 나타내는 문장 옆에 제목, 중심내용, 세부내용을 적게 한다.

④ 활동 2의 나)의 글을 읽고 제목, 중심내용, 세부내용 구분 활동을 학생들 스스로 하게 한다.

⑤ 각자 정확하게 구분했는지 다른 학생들과 이야기를 나눠보게 한 다음 제목, 중심내용, 세부내용 문장을 순서대로 연결하여 발표하게 한다.

⑥ 한 문단의 짧은 글이든 여러 문단으로 된 긴 글이든 모든 글에는 제목, 중심내용, 세부내용이 있으며 내용을 구분하고 요약 정리하는 것이 글 이해에서 중요함을 강조한다.

 Tip

제목, 중심내용, 세부내용을 간단한 단어나 구로 기록하게 한다. 나아가 제목, 중심내용, 세부내용을 연결하여 한 두 문장의 요약문을 작성해 보는 추가 활동도 가능하다.

모듈 3.4

글의 제목, 중심내용, 세부내용 구분하고 요약하기

활동 1 아래 글을 읽고, 제목, 중심내용, 세부내용을 구분하고, 요약해 봅시다.

> ㉠ 프랑스 사람들은 밀가루로 만든 '바게트'라는 긴 빵을 만들어 먹습니다. ㉡ 러시아와 북유럽 사람들은 호밀로 만든 딱딱하고 검은 빵을 많이 먹습니다. ㉢ 미국 남서부와 중앙아메리카 사람들은 '토틸라'라는 납작한 옥수수빵을 좋아합니다. ㉣ 이렇게 세계의 여러 나라 사람들은 다양한 빵을 먹습니다.
>
> (김영채, 2005)

제목	세계의 빵, 세계의 여러 가지 빵, 빵 등
중심내용	세계의 사람들은 여러 가지 빵을 먹는다. 세계에는 여러 가지 빵이 있다. 등
세부내용	☐ 프랑스: 밀가루, 긴 바게트 빵 ☐ 러시아, 북유럽: 호밀, 딱딱, 검은, 독특한 맛을 가진 빵 ☐ 미국 남서부, 중앙아메리카: 납작, 옥수수빵

활동 2 아래 글을 읽고, 제목, 중심내용, 세부내용을 구분하고, 요약해 봅시다.

> ㉠ 병을 치료할 때 의사는 하얀 가운을 입는다. ㉡ 학생들은 학교마다 다른 교복을 입는다. ㉢ 운동을 하는 사람들은 체육복을 입는다. ㉣ 그리고 사거리에서 교통정리를 하고 있는 경찰관은 눈에 잘 띄는 경찰관 제복을 입고 일한다. ㉤ 어떤 일을 하느냐에 따라서 입는 옷이 다르다.
>
> (김영채, 2005)

제목	작업복
중심내용	어떤 일을 하느냐에 따라서 입는 옷은 다르다. 직업에 따라서 입는 옷이 다르다.
세부내용	☐ 의사: 하얀 가운 ☐ 학생: 교복 ☐ 운동하는 사람: 체육복 ☐ 경찰관: 제복

글의 행간의미 배가하기

_읽기의 사칙연산; 곱셈(×)

CHAPTER 04

글의 행간의미 배가하기

_읽기의 사칙연산; 곱셈(×)

◉ 글을 정확하게 이해하려면 글자 그대로의 의미와 숨은 의미를 찾아야 한다. 숨은 의미를 생각하면서 읽을 때 필요한 것이 추론이다. 독자는 자신의 배경지식과 글에 제시되어 있는 단서를 이용하여 추론할 수 있다.

◉ 제4장은 글로 표현되지 않는 내용, 즉 숨은 의미를 찾기 위해 추론해보는 활동으로 구성되어 있다.

◉ 글의 행간의미를 배가하는 것은 글의 숨은 의미를 찾아 글의 내용을 정확하게 이해하도록 돕는다. 제4장은 글을 이해할 때 글에 제시되어 있는 내용만 기억하는 학생, 앞 뒤 연결 관계를 잘 파악하지 못하는 학생들에게 필요한 모듈로 구성되어 있다.

목표

◉ 글의 단서를 이용하여 숨은 의미를 추론할 수 있다.

준비물

◉ 교사용 지도안 및 활동지, 학생용 활동지

모듈 4.1

숨은 의미를 어떻게 찾을까?

준비물	소요시간
수업용 PPT, 학생용 활동지	20분

활동내용

■ 글의 흐름을 활용하여 의미 파악하기

 **Tip**

글을 읽으면서 모르는 단어가 나왔을 때 그 단어의 의미를 문맥을 통하여 추측하는 것은 읽기에서 중
요한 과정이다. 의미를 추측하는 두 가지 방법에 대해 알아본다.

■ 글의 흐름을 활용하여 빈칸 채우기

① [학생용 활동지 1]을 나눠준다.

② [활동 1-1]을 보고 빈칸 뒤에 따라오는 글을 읽은 후 읽은 내용들을 하나로 묶어줄 수 있는 단
어를 생각해보게 한다. 그렇게 하면 빈칸에 어떤 단어가 들어갈 수 있는지 찾을 수 있다고 설
명한다.

가. 우리 (   )은(는) 아빠, 엄마, 나, 동생으로 이루어져 있습니다.

아빠, 엄마, 나, 동생을 하나로 묶어줄 수 있는 단어 : 가족, 가정, 가족 구성원 등을 생각하여
괄호 안에 적도록 한다.

③ [활동 1-2]는 학생들이 스스로 해보게 한다.

④ 문맥 즉, 빈칸의 앞뒤에 있는 문장을 활용하여 빈칸에 들어가는 단어를 찾아낼 수 있음을 설명
한다.

활동내용

 Tip

추가활동으로 속담의 의미를 문장으로 제시하고, 의미를 파악하여 속담을 추측해보게 하는 것도 도움이 된다.

■ 단어의 뜻 추측하기

① [학생용 활동지 1]의 [활동 2]에서 모르는 단어가 나오면, 그 단어 앞뒤에 따라오는 글을 읽고, 어떤 의미인지 추측할 수 있다고 설명한다.

② PPT 화면을 보고 [예시]『대한민국 팀이 양궁에서 금메달을 반드시 딸 것이라는 우리들의 ㉠예견은 반갑게도 적중했다.』라는 문장에서 '예견'의 뜻을 함께 추측해본다.

③ '예견'이라는 단어 앞, 뒤에 있는 글을 보면 단어의 의미를 생각해볼 수 있다.

④ 대략적인 의미를 추측해서 이야기를 나눈다.

　◦ '예견'은 '미리 내다보다.', '어떨 것이라고 짐작되다.'라는 뜻이다.

⑤ '예견'의 사전적 의미와 추측한 의미를 비교해 본다.

⑥ 개인활동으로 학생들로 하여금 직접 단어의 뜻을 추측해보게 한다.

⑦ 먼저 학생들이 '적중'이라는 단어의 의미를 아는 지 확인한다.

⑧ '적중'이라는 단어를 앞뒤 문장을 보지 않고, 문맥이 없는 상태에서 의미를 짐작해서 [활동 2]의 '내가 짐작한 것'으로 적혀 있는 칸에 적어보게 한다.

⑨ '적중'이라는 단어를 앞뒤 문장을 보고, 문맥이 있는 상태에서 의미를 짐작해서 [활동 2]의 '내가 짐작한 것'으로 적혀 있는 칸에 다시 적어보게 한다. 이때에는 '적중' 단어 앞에 '반갑게도'라는 긍정표현이 있으므로 '적중'이라는 단어가 긍정적인 의미를 포함하고 있음을 추측하게 한다.

⑩ '적중'의 의미를 사전에서 찾아 [활동 2]의 '사전에서 찾은 것'으로 적혀 있는 칸에 적어보게 한다.

⑪ '적중'과 비슷한 단어(바꾸어 넣을 수 있는 단어)를 찾아 '비슷한 단어'로 적혀 있는 칸에 적어보게 한다.

⑫ 이렇게 단어의 의미는 단어 앞뒤에 있는 문장을 활용하여 찾아낼 수 있음을 설명한다.

활동내용

⑬ [활동 2]에 다음 활동들도 위와 같이 진행할 수 있다.

『옛날에는 자식들이 아침에 일어나 부모님께 정갈한 모습으로 ㉠ 문안 인사를 드렸다. 그리고 식사를 할 때에는 부모님들이 먼저 수저를 들고 드시기 전까지 식사를 하지 않았다. 이는 자식들이 부모에게 ㉡ 예의를 잘 지켰다는 것을 의미한다.』에서 표시되어 있는 단어들의 의미를 추측해 본다.

⑭ 학생 개별로 한 활동을 전체가 같이 확인해본다.

⑮ 문맥 즉, 모르는 단어 앞뒤에 있는 문장을 통하여 모르는 단어의 의미를 찾아낼 수 있음을 설명한다.

모듈 4.1
숨은 의미를 어떻게 찾을까?

 활동 1 아래 글의 문맥을 활용하여 빈칸을 채워 봅시다.

---

① 우리 (가족, 가족구성원 등)은(는) 아빠, 엄마, 나, 동생으로 이루어져 있습니다.

② (동물원 등)에 가면 사자, 호랑이, 코끼리 기린과 같은 (육지동물, 땅에 사는 동물 등) 과(와) 독수리, 앵무새, 공작새, 부엉이와 같은 (날아다니는 동물, 하늘을 나는 동물, 조류 등), 그리고 물개, 돌고래, 펭귄과 같은 (바다동물, 해양동물, 바다에 사는 동물 등)을(를) 볼 수 있습니다.

활동 2 아래 글에서 단어의 뜻을 미리 추측해 봅시다.

[예시] 대한민국 팀이 양궁에서 금메달을 반드시 딸 것이라는 우리들의 ㉠ 예견은 반갑게도
     ㉡ 적중했다.
◦ '예견'의 뜻 : 미리 내다보다, 어떨 것이라고 짐작되다.

내가 짐작한 것	사전에서 찾은 것	비슷한 단어 (바꾸어 넣을 수 있는 단어)
◦ 단어만 보고 짐작한 '적중'의 의미: ◦ 문맥을 보고 짐작한 '적중'의 의미:	㉡'적중'의 뜻: 화살 따위가 목표물에 맞음. 예상이나 추측 또는 목표 따위에 꼭 들어맞음.	명중, 백발백중, 정확

옛날에는 자식들이 아침에 일어나 부모님께 정갈한 모습으로 ㉠ 문안 인사를 드렸다. 그리고 식사를 할 때에는 부모님들이 먼저 수저를 들고 드시기 전까지 식사를 하지 않았다. 이는 자식들이 부모에게 ㉡ 예의를 잘 지켰다는 것을 의미한다.

㉠'문안'의 뜻은 무엇일까요? 안부를 여쭈는 것 등

㉡'예의'의 뜻은 무엇일까요? 예로써 나타내는 존경하는 뜻 등

모듈 4.2

숨은 의미 찾기

준비물	소요시간
수업용 PPT, 학생용 활동지	20분

활동내용

■ 글의 흐름을 활용하여 제시되어 있지 않은 내용 확인하기

 **Tip**

글에 직접 나와 있지 않더라도 문맥을 활용하여 의미를 추론할 수 있다.

■ 글에서 제시되지 있지 않은 사건을 추측하기

① [학생용 활동지 1]을 나눠준다.

② [활동 1]의 글을 읽고 답하게 한다.

③ 음료수가 시원하지 않은 이유를 물어본다.

④ 더운 날 뜨거운 차 속에 있었기 때문이라고 답을 할 것이다.

⑤ 이렇게 추론이 가능한 것은 글의 내용을 자신이 가진 정보를 이용하여 읽었기 때문이라고 설명한다.

⑥ 자동차 트렁크에 있는 음료수라고 답한다면 왜 그렇게 생각하였는지 물어본다.

⑦ 문장 앞에서 음료수가 나왔기 때문에 음료수라고 생각했다고 답을 할 것이다. 우리는 앞뒤의 문장들을 연결하여 생각하면서 글을 읽는다고 설명한다.

⑧ 음료수를 마시기 전에 아빠와 내가 무엇을 했을 것 같은지 질문한다. 학생들은 "트렁크를 열었다"라고 대부분 대답할 것이다. 글에는 없지만 머릿속에는 트렁크를 열었다고 생각하여 아빠와 내가 마신 음료수가 트렁크에 실었던 음료수라고 생각하게 되는 것임을 설명한다.

⑨ 추가적으로 아빠와 내가 마신 음료수가 자동차 트렁크의 음료수가 아닐 수도 있다는 것을 제시

한다. 자동차 트렁크에서 꺼냈다는 음료수라는 설명이 글에는 나타나 있지 않기 때문이다. 할머니가 준 시원한 음료수일 수도 있고, 아니면 가게에서 산 음료수일 수도 있다. 하지만 우리는 글의 흐름을 통해서 추측하게 됨을 설명한다.

⑩ 글을 읽을 때 이렇게 추론을 하게 된다는 것을 설명해준다. 추론은 글의 내용을 오해하지 않고, 정확하게 이해하는데 도움이 된다.

■ 제시되어 있지 않은 문장을 추론하여 넣어보기

① [활동 2]의 글을 읽고 물음에 답하도록 한다.

② [활동 1]과 마찬가지로 글에서 나타나지 않는 내용을 제시되어 있는 글을 보고 생각해내도록 한다. 알고 있는 정보를 이용하여 [활동 2]의 1번에서 제시하는 활동을 하게 한다(제시된 네 문장에 내용을 추가하여 다섯 문장 이상이 되도록 적어보기).

　◦ 영희는 자전거를 타고 가게에 갔다. 철수는 영희가 보고 싶었다(도와주고 싶었다). 그래서 철수는 그녀를 따라갔다. 하지만 가는 길에 자전거 타이어가 펑크가 나서 넘어졌다. 그의 타이어에 바람이 빠졌다. 슬펐다. 그래서 그는 울었다.

③ 학생들이 여러 개의 문장으로 적은 것을 발표하게 한다.

④ 철수가 그녀를 따라간 이유에 대해서도 답해보고 발표해보게 한다.

⑤ 그가 왜 울었는지에 대해서도 답해보고 발표해보게 한다.

⑥ 우리는 글을 이해할 때 앞뒤의 내용을 파악하고 나타나지 않은 내용을 머릿속에서 추측하여 추론하게 됨을 설명한다. 이것은 문장들을 이해하는데 필수적이라는 것을 강조한다.

모듈 4.2

숨은 의미 찾기

 활동 1 아래 글에서 제시되지 있지 않은 사건을 추측해 봅시다.

> 어느 더운 날 아빠는 나와 함께 자동차 트렁크에 음료수를 싣고 멀리 시골에 살고계신 할머니 댁으로 운전해서 올라갔습니다. 도착한 다음 아빠와 나는 너무 더워서 음료수를 마셨습니다. 그 음료수는 시원하지 않았습니다.

① 왜 음료수는 시원하지 않았을까요?

더운 날 뜨거운 차 속에 있었기 때문에.

② 왜 그렇게 생각하였나요?

문장의 앞부분에서 음료수가 나왔기 때문에 그렇게 생각했다.

③ 아빠와 나는 음료수를 마시기 전에 무엇을 했을까요?

트렁크를 열었다.

활동 2 아래 문장을 읽고, 제시되어 있지 않은 문장을 추론하여 넣어 봅시다.

영희는 자전거를 타고 가게에 갔다. 철수는 그녀를 따라갔다. 철수의 자전거 타이어에 바람이 빠졌다. 철수는 울었다.

① 문장을 읽어보고 제시되어 있지 않은 내용을 생각하여, 문장과 문장사이에 적어 넣어보세요 (총 문장이 5문장 이상이 되도록 적기).

영희는 자전거를 타고 가게에 갔다. 철수는 영희가 보고 싶었다(도와주고 싶었다). 그래서 철수는 그녀를 따라갔다. 하지만 가는 길에 못이 있어서 자전거 타이어가 펑크가 나서 넘어졌다. 그의 타이어에 바람이 빠졌다. 그리고 넘어졌다. 슬펐다. 그래서 그는 울었다.

② 철수는 그녀를 왜 따라갔을까요?

철수는 영희가 보고 싶었다(도와주고 싶었다)

③ 그는 왜 울었을까요?

타이어에 바람이 빠져서 그녀를 만날 수 없게 되었다.

모듈 4.3

숨은 의미 상상하기

준비물	소요시간
수업용 PPT, 학생용 활동지	20분

활동내용

■ 글의 흐름을 활용하여 제시되어 있지 않은 내용 상상하기

 Tip

글에 직접 제시되어 있지 않더라도 글에 나타나 있는 것과 자신이 알고 있는 것(지식과 경험)을 이용하여 생략되어 있는 내용을 추측할 수 있다. 또 글에서 제시되어 있는 내용으로 다음 내용을 상상할 수 있게 된다.

■ 문장들에서 생략되어 있는 내용 상상하기

① [학생용 활동지 1]의 [활동 1]의 글을 읽고, 철수가 왜 물을 길으러갔는지 길어왔는지 질문한다.
   ◦ 캠프파이어 불을 끄기 위해 등으로 답할 것이다. 캠프파이어 경험을 가지고 있다면 불을 피운다는 것이 글에 나와 있지 않아도 생각해 낼 수 있기 때문이다.
② 왜 불이 꺼졌는지 질문한다.
   ◦ 철수가 길어온 물을 부렸다고 할 것이다. 철수가 물을 길어왔고, 캠프파이어에 불이 있으며 마칠 때가 되어간다고 하였기 때문이다.
   ◦ 이처럼 우리는 앞뒤의 문장들을 연결하여 생각하면서 글을 읽는다고 설명한다.
③ 불이 꺼지고, 그 다음에는 어떤 일이 벌어질지 질문한다.
   ◦ 자러갔다, 다른 놀이를 하였다. 등등 여러 가지를 상상해서 발표한다.
   ◦ 앞의 내용을 기초로 하여 그 다음 내용을 상상하게 된다.
④ 글을 읽을 때 없는 내용을 만들어 내어 자세히 하려고 하는 정교화 추론과 앞의 일 때문에 어떤 결과가 나타난다는 인과관계 추론을 하여 글을 이해하고, 이해한 것을 바탕으로 상상할 수 있게 된다는 것을 설명해준다.

활동내용

■ 문장들에서 생략되어 있는 내용 상상하기 연습

① [활동 2]의 글을 읽고 활동하도록 한다.

② [활동 1]과 마찬가지로 글에서 나타나지 않는 내용을 제시되어 있는 글을 보고 생각해내는 것
   이다. 알고 있는 정보를 이용하여 1번 질문에 답해보게 한다.

> 모듈 4.3
>
> # 숨은 의미 상상하기

활동 1   아래의 글의 내용을 가지고 숨은 의미를 상상해 봅시다.

> 캠프파이어를 하면서 놀고 있었다. 마칠 때가 다 되어 철수가 양동이에 물을 길어왔다. 불이 꺼졌다.

① 왜 물을 길으러갔는가?

캠프파이어 불을 끄기 위해, 더러운 손을 씻기 위해 등

② 왜 불이 꺼졌는가?

철수가 길어온 양동이 물을 캠프파이어 불에 부렸다.

③ 그 다음에 어떤 일이 벌어질까?

자러갔다. 뒷정리를 하였다. 다른 놀이를 하였다. 등

활동 2 아래 글의 내용을 가지고 숨은 의미를 상상해 봅시다.

내 방에서 컴퓨터 게임을 하고 있었다. 갑자기 엄마 목소리가 들려서 책을 펼쳤다. 누나가 들어왔다.

① 왜 책을 펼쳤는가?

엄마는 공부하는 줄 알기 때문에, 엄마가 컴퓨터 게임을 싫어해서, 엄마랑 게임을 안 하기로 약속해서 등

② 왜 누나가 들어왔을까?

엄마가 누나에게 들어가 보라고 해서, 내가 방에서 나가지 않아서, 엄마 목소리가 누나 목소리였기 때문 등

③ 그 다음에 어떤 일이 벌어질까?

엄마가 아니라 누나여서 안도한다. 오히려 누나에게 화를 낸다. 누나가 게임을 했다는 사실을 알고 엄마에게 이른다. 등

chapter 05

글 읽기의 실제

_읽기 전·중·후 전략 익히기

CHAPTER 05
글 읽기의 실제
_읽기 전·중·후 전략 익히기

- 글을 읽는 과정은 읽기 전, 읽는 중, 읽은 후로 나눠진다. 글을 읽기 전 학생들은 읽을 내용에 대해 자신이 알고 있는 것과 궁금한 것을 생각할 수 있다. 그리고 글을 읽는 동안 학생들은 자신이 알고 있는 것을 이용하여 이해하고, 궁금한 것에 대한 답을 찾기 위해 적극적으로 글을 읽게 된다. 마지막으로 글을 읽은 후 중요한 내용을 찾아 정리하는 과정을 거치게 되면 효과적으로 글을 읽을 수 있다.
- 제5장은 글 읽기 전·중·후 전략을 사용하여 글을 이해하고 정리하는 활동으로 구성되어 있다.
- 제5장의 활동은 글을 이해할 때 글의 표면적인 내용만 기억하고, 내용 요약이 잘 안되며 글을 어떻게 읽고 정리하는지를 모르는 학생들을 지도할 때 효과적일 것이다.

목표

- 글 이해 전략을 이해할 수 있다.
- 글 이해 전략을 적용할 수 있다.

준비물

- 교사용 수업 PPT 자료
- 교사용 지도안 및 활동지, 학생용 개별 활동지

모듈 5.1

글을 읽기 전, 무엇을 해야 할까?

준비물	주의점	소요시간
수업용 PPT, 학생용 활동지	◦ 교과서를 직접 펴보거나, 본문이 내용이 나오기 전 　의 내용을 PPT로 제시 ◦ 제목과 관련되는 그림(사진)도 같이 보면서 많이 생 　각하려고 노력해야함을 설명한다.	20분

활동내용

■ 배경지식 활성화를 위한 단서가 무엇인지 책에서 찾아보기

① 교과서를 보면서, 본문이 시작되기 전에 무엇이 있는지 질문한다.

② 본문 전에 제목, 그림, 학습문제 등이 있음을 확인한다.

③ 이런 것들을 미리 확인하는 것이 읽기 전 활동임을 설명한다.

 Tip

배경지식(이미 가지고 있는 지식, 개인적 경험)을 활성화시키면 글의 내용에 더욱 흥미를 가지게 될 뿐
만 아니라 배울 내용을 사전지식과 연결시킬 수 있다. 읽기 전 활동에서는 '선행 조직자'(advance
organizer; 글의 목차, 제목, 글의 목표, 주요 개념 등)를 확인하고 글의 내용에 대해 미리 짐작해 볼
수 있도록 해야 한다.

활동내용

■ 배경지식 활성화시키기: KW

 **Tip**　배경지식 활성화 전략

KW는 글을 읽기 전, 제목을 보고 제목과 관련되어 있는 개인의 지식을 인출하는 K(what we Know, 이미 알고 있는 것), 궁금한 것을 질문하는 W(what we Want to find out, 알고 싶은 것)를 의미한다. KW는 글의 내용을 이해할 수 있도록 기반을 만드는 전략이다.

*추가적으로 글 읽기 전 KW 전략을 사용한 다음 글을 전체를 모두 이해한 후 새롭게 알게 된 것을 기록하는 L(what we have Learned, 알게 된 것) 활동을 추가적으로 할 수 있다.

① [학생용 활동지 1]을 나누어 준다.

② 각 모둠별로 기록자를 한 명 정하고, 제한시간 동안 제시하는 글의 제목을 보고 떠오르는 생각들을 최대한 많이 적어보게 한다.

③ '식물의 생존방법'라는 신문기사가 있다고 가정한다. 제목 또는 그림(사진)을 보고 "생각나는 것, 이미 알고 있는 것, 이전의 경험(들었던 것, 보았던 것 등)" 등 우리 머릿속에 있는 것을 활동지 "K"부분에 간단한 단어나 구로 기록하게 한다(브레인스토밍 이용, 제한 시간 5분).

④ 학생들이 잘 생각해 내지 못할 경우 예를 들어 들어준다.

⑤ '식물의 생존방법'라는 제목과 사진을 보고 "알고 싶은 것, 궁금한 것, 알아볼 필요가 있는 것" 등 우리 머리 밖에 있는 것을 활동지 "W"부분에 간단한 질문으로 기록하게 한다(브레인스토밍 이용, 제한 시간 5분).

⑥ 학생들이 질문을 잘 만들지 못할 경우 예를 들어준다(예: 해운대에 외국인이 많은 이유는?).

⑦ 각자 적은 내용을 발표하여 서로의 다양한 의견을 공유하도록 한다.

모듈 5.1
글을 읽기 전, 무엇을 해야 할까?

활동 1 '식물의 생존방법'에 대해 알고 있는 것과 알고 싶은 것을 모두 적어 주세요.

제목: 식물의 생존방법

 K (what we Know : 이미 알고 있는 것)

- 선인장
- 물을 보관
- 파리지옥
- 독성

 W (what we Want to find out : 알고 싶은 것)

- 식물이 생존하는 방법은 어떻게 다르지?
- 생존방법은 살아가는 방법인가?
- 생존방법의 뜻은 무엇이지? 등

모듈 5.2

글 이해 전략 익히기

준비물	소요시간
수업용 PPT, 학생용 활동지	20분

활동내용

■ 주요 내용 파악하며 여러 번 읽기

 **Tip**

글의 내용이 모두 중요한 것이 아니기 때문에 중요한 내용과 중요하지 않은 내용을 구분할 줄 알아야 하고, 주요 내용을 파악하기 위해서는 한 번이 아니라 여러 번 읽어야 한다는 것을 강조한다.

① 수업용 PPT 자료에 있는 '제목이 있는 하나의 짧은 글'을 보여주고, 다 같이 소리 내어 읽도록 한다.

② 글을 읽는 중간에 교사는 학생들의 읽기를 중단시킨다. 그런 후, 글이 나와 있는 PPT화면을 끄고 학생들이 지금까지 읽었던 내용을 이야기하도록 한다.

③ 학생들의 대답이 모두 다르다는 것을 확인한다.

  ◦ 글을 읽을 때, 어떤 경우 읽은 내용이 기억나지 않을 때가 있고, 어떤 내용은 중요한 내용보다 중요하지 않은 내용이 기억나는 경우도 있다.

  ◦ 그러므로 주요 내용을 파악하기 위해서는 글을 여러 번 읽어야 한다.

■ 글 이해하는 전략 익히기

① 글을 이해하는 전략을 설명하고 학생들이 이 방법으로 글을 이해할 수 있도록 지도한다.

② [학생용 활동지 1]을 나눠주고 [활동 1]에 제시된 글 이해하는 전략을 큰 소리로 같이 읽는다.

  a. 훑어 읽기 / 대충읽기

  b. 내용을 자세히 읽으며 비슷한 내용끼리 나누기 / 문단 나누기

활동내용

c. 자세히 읽은 전체 글은 무엇에(누구에) 대한 것인가? / 이 글의 제목은 무엇인가?

d. 이 글의 중심내용은 무엇인가? / 저자가 정말로 말하고 싶어 하는 것은 무엇인가?

e. (중심내용을) 뒷받침하는 세부내용은 무엇인가? / 중심내용을 자세히 설명하는 내용은 무엇인가?

③ 위와 같은 순서대로 글을 이해하면 글의 핵심내용(=중요한 내용)을 파악할 수 있다고 설명한다.

④ [활동 1]에 제시되어 있는 글을 보고 글 이해전략을 적용하여 글을 읽게 한다.

⑤ 글 이해하는 전략을 생각하면서 [활동 2]에 제시된 물음에 대한 답을 작성해 보도록 한다.

모듈 5.2
글 이해 전략 익히기

 글 이해 전략에 따라 다음 글을 읽고, 물음에 답하세요.

1. 훑어 읽기(= 대충읽기)

2. 내용을 자세히 읽으며 비슷한 내용끼리 나누기(= 문단 나누기)

3. 자세히 읽은 전체 글은 무엇에(누구에) 대한 것인가?(= 이 글의 제목은 무엇인가?)

4. 이 글의 중심내용은 무엇인가?(= 저자가 정말로 말하고 싶어 하는 것은 무엇인가?)

5. (중심내용을) 뒷받침하는 세부내용은 무엇인가?(= 중심내용을 자세히 설명하는 내용은 무엇인가?)

(식물의 생존 방법)

식물은 곤충이 자기를 먹으려고 하는 것을 여러 가지 방법으로 막는다. 장미와 같은 식물은 가시를 만들어 곤충이 접근하는 것을 막는다. 제라늄처럼 독가스를 품어 곤충을 막는 식물도 있다. 하지만 어떤 식물은 번식할 때가 되면 곤충을 유인한다. 곤충들이 꽃가루를 옮겨 번식이 이루어지도록 하기 위해서이다. 가장 많이 사용하는 방법은 꿀을 이용하여 곤충을 유인하는 것이다. 꽃의 온도를 높여 야행성 곤충이 따뜻한 꽃으로 모이도록 유인하는 식물도 있다.

특이하게도 곤충을 잡아먹는 식물도 있다. 이러한 식물은 주로 습지와 같은 영양분이 부족한 땅에서 자라기 때문에 그 땅에서 얻을 수 없는 주요 영양분을 곤충을 통하여 보충한다. 예를 들어, 끈끈이주걱은 끈적끈적한 액체를 이용하여 곤충을 잡는다. 또 파리지옥은 잎을 이용하여 곤충을 잡는다.

이렇게 식물은 곤충을 다양한 방법으로 막고, 번식을 위해 이용하기도 하며 잡아먹기도 한다.

(교육부, 2013)

활동 2   [활동 1]에서 읽은 글의 내용에 대한 아래의 물음에 답하세요.

제목 (무엇에(누구에) 대한 것인가?)	식물의 생존방법
문단의 개수	4
중심내용 (저자가 당신에게 정말로 말하고 싶어 하는 것은 무엇인가?)	식물은 곤충을 여러 가지 방법으로 막고, 번식을 위해 이용하며 잡아먹기 도 한다.
세부내용 (중심내용을 자세히 설명하는 내용은 무엇인가?)	☐ 곤충이 접근하는 것을 막는 것: 　장미-가시, 제라늄-독가스 ☐ 곤충을 유인(꽃가루를 옮겨 번식하기 위해): 　꿀 이용, 온도 이용 ☐ 곤충을 잡아먹는 것(영양분을 보충하기 위해): 　끈끈이- 끈적끈적한 액체 이용, 파리지옥-잎을 이용

모듈 5.3

글 이해 전략 실천하기

준비물	소요시간
수업용 PPT, 학생용 활동지	20분

활동내용

■ 글을 읽을 때의 절차와 방법 알기

① 글을 읽는 데도 중요한 절차와 방법이 있기 때문에 이 절차와 방법에 따라 읽는 연습을 하는 것이 필요하다. 글을 읽을 때 우리가 간과하기 쉬운 과정은 내용을 요약하는 것이다. 글을 읽은 후 글의 내용을 요약해봄으로써 이해 수준을 점검하고, 읽은 글의 내용을 한 번 더 기억하기 좋도록 정리하는 것은 글 읽기에 꼭 필요한 마무리 과정이다.

② 빵을 만들 때는 절차를 알아야 빵을 만들 수 있다. 글 읽기도 마찬가지이다. 글을 이해하는 방법을 알면 글을 읽고 이해한 후 그것으로 요약문으로 정리할 수 있고, 감상문을 쓸 수도 있다.

③ 글을 읽고 끝나는 것이 아니라 글의 내용을 정리해야 글의 의미가 기억에 오래 남을 수 있다는 것에 대해 설명한다.

■ 글 이해하는 전략으로 읽기

① [학생용 활동지 1]을 나누어주고 [활동 1]에 제시된 글 이해하는 방법을 큰 소리로 같이 읽는다.

  ◦ 훑어 읽기 / 대충 읽기

  ◦ 내용을 자세히 읽으며 비슷한 내용끼리 나누기 / 문단 나누기

  ◦ 자세히 읽은 전체 글은 무엇에(누구에) 대한 것인가? / 이 글의 제목은 무엇인가?

  ◦ 이 글의 중심내용은 무엇인가? / 저자가 당신에게 정말로 말하고 싶어 하는 것은 무엇인가?

  ◦ (중심내용을) 뒷받침하는 세부내용은 무엇인가? / 중심내용을 자세히 설명하는 내용은 무엇인가?

  ◦ 글 이해하는 방법을 보면서 글 이해를 함께 해본다.

활동내용

② 글을 이해하는 방법대로 연습하기

　◦ 짧은 글이 나와 있는 [활동 1]을 보게 한다.

　◦ 글을 이해하는 방법으로 읽는다.

　a. 훑어 읽기를 한다. 훑어 읽기를 할 때는 어떤 단어들이 나오는지 살펴보고 여러 문단으로 되어 있으면 문단의 첫 문장만 읽도록 한다.

　b. 다시 내용을 자세히 읽으며 비슷한 내용끼리 나누기 / 문단 나누기

　c. "자세히 읽은 전체 글은 무엇에(누구에) 대한 것인가?", "이 글의 제목은 무엇인가?" 라는 질문을 하고 답을 활동지에 적어본다. 제목을 적을 때는 문장으로 적는 것이 아니라 간단한 단어나 구로 적어보게 한다. 가능한 제목 3개를 적어보게 한 다음 그 중에서 가장 글의 내용을 잘 설명해주는 제목을 선택하여 동그라미 하게 한다.

　d. "이 글의 중심내용은 무엇인가?", "저자가 당신에게 정말로 말하고 싶어 하는 것은 무엇인가?" 라는 질문을 하고 답을 활동지에 적어보게 한다. 이 질문에 대한 답을 적을 때에는 한 문장으로 적게 한다. 제목을 자세히 하여 한 문장으로 표현하면 어떻게 될지 생각하게 하여 적어보게 한다.

　e. "(중심내용을) 뒷받침하는 세부내용은 무엇인가?", "중심내용을 자세히 설명하는 내용은 무엇인가?" 라는 질문을 하고 답을 활동지에 적어보게 한다. b에서 나눈 문단별로 내용을 간단한 단어나 구로 정리할 수 있도록 한다.

　◦ 질문에 대해 답한 것을 모두 살펴본다.

　◦ 질문에 대한 답을 한 눈에 알아볼 수 있도록 [학생용 활동지 2, 3]의 마인드맵 활동지, 표로 된 활동지에 정리해 보도록 한다.

　◦ 다양한 활동지를 이용할 수 있다.

③ 글 읽고 요약하는 연습하기

　◦ 교사가 짧은 글(2-3개의 문단으로 구성, 기승전결의 구조를 가진 글)을 선택하여 학생들에게 보여준다.

　◦ 학생들에게 [학생용 활동지 4]를 나누어 주고, 글의 내용을 표에 정리해 보도록 한다.

　◦ 이 활동은 설명글과 이야기글 모두에 적용할 수 있다.

모듈 5.3

글 이해 전략 실천하기

활동 1 글 이해 전략에 따라 다음 글을 읽고, 물음에 답하세요.

---

1. 훑어 읽기(= 대충읽기)

2. 내용을 자세히 읽으며 비슷한 내용끼리 나누기(= 문단 나누기)

3. 자세히 읽은 전체 글은 무엇에(누구에) 대한 것인가?(= 이 글의 제목은 무엇인가?)

4. 이 글의 중심내용은 무엇인가?(= 저자가 정말로 말하고 싶어 하는 것은 무엇인가?)

5. (중심내용을) 뒷받침하는 세부내용은 무엇인가?(= 중심내용을 자세히 설명하는 내용은 무엇인가?)

창과 방패

옛날, 어느 마을에 창과 방패를 파는 사람이 있었다. 이 사람은 장에 나가 창과 방패를 팔았다. 먼저, 창을 들고 사람들을 향하여 큰 소리로 말하였다.

"여러분, 여러분은 이 창을 사야 합니다. 이 창을 사지 않으면 후회할 거예요. 왜냐고요? 자, 이 창을 보세요. 얼마나 날카롭습니까? 세상에서 뚫지 못할 게 없습니다. 이 창은 아무리 튼튼한 방패라도 모두 뚫습니다."

그리고 잠시 뒤에 다음과 같은 말을 덧붙였다.

"이 방패를 보세요. 여러분은 이 방패도 사야 합니다. 이 방패는 정말 튼튼하지요. 제 아무리 창칼이 날카롭다고 해도 이것만 있으면 안심입니다. 어떤 창이나 칼도 이 방패를 뚫지 못할 테니까요."

(교육부, 2009)

활동 2   활동 1에서 읽은 글을 1, 2, 3과 같은 형태로 정리해 보세요.

---

1. 간단한 문장으로 정리하기

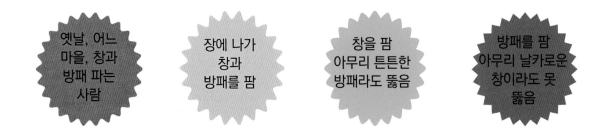

2. 표로 정리하기

배경	창을 팜	방패를 팜
옛날, 어느 마을, 창과 방패를 파는 사람	아무리 튼튼한 방패라도 뚫음	아무리 날카로운 창이라도 못 뚫음

3. 다이어그램으로 정리하기

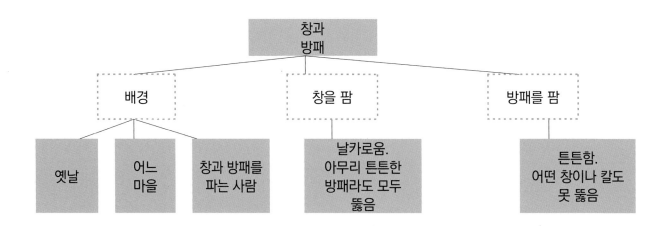

활동 3 　활동 1의 '창과 방패'라는 글을 읽고, 다음과 같은 방식으로 정리해 보세요.

제목	창과 방패
중심내용	창과 방패를 파는 사람이 창과 방패를 꼭 사야한다고 말한다.
세부내용	창을 사야함 – 세상에서 뚫지 못할 방패는 없음 　　　　　　(세상의 어떤 방패라도 뚫을 수 있음) 방패를 사야함 – 세상에서 못 막는 창, 칼은 없음 　　　　　　(세상의 어떤 창칼이든 막을 수 있음)
그림으로 표현하기 (마인드맵 또는 표 등)	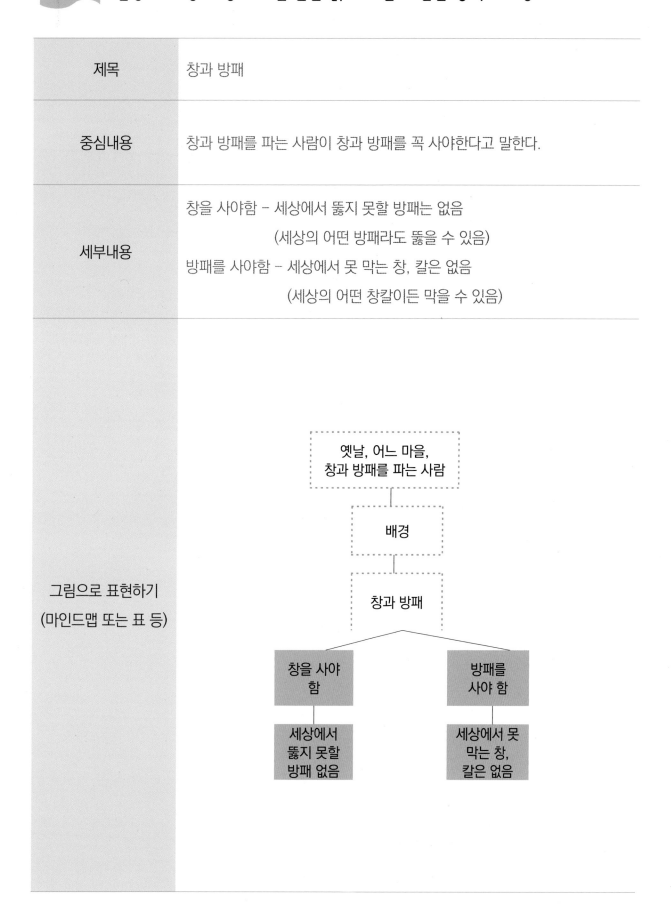

활동 4   선생님이 제시한 글을 읽고 다음 표에 그 내용을 정리해 보세요.

제목:	

활동 4   선생님이 제시한 글을 읽고 다음 표에 그 내용을 정리해 보세요.

참고문헌

교육부(2014). 초등학교 4학년 1학기 읽기.
교육부(2013). 초등학교 5학년 과학.
교육부(2013). 초등학교 6학년 국어.
교육부(2009). 초등학교 5학년 1학기 읽기.
김동일, 신을진, 이명경, 김형수 공저(2011). 학습상담. 서울: 학지사.
김소영, 서봉금, 김정섭(2014). 목표설정 중심의 시간관리 프로그램이 중학생의 진로 자기효능감에 미치는 효과. 사고개발, 2014,10(2), 31−47.
김소영, 최지만, 김정섭(2013). 학습컨설팅 프로그램이 초등학교 학습부진아의 주의집중력에 미치는 효과. 사고개발, 2013, 9(3), 43−61.
김영채(2005). 생각하는 독서. 서울: 박영사.
김영채(2011). 독서이해와 글쓰기. 서울: 교육과학사.
김의식(2012). 바보처럼 공부하고 천재처럼 꿈꿔라. 서울:명진출판.
김정섭(2009). 학습컨설팅의 중요성과 학습 컨설턴트의 역할. 학교심리와 학습컨설팅, 1(1), 19−33.
김정섭(2012). 교수학습센터를 위한 학습컨설팅. 교육심리연구, 26(4), 837−851.
김지영(2013). 자기조절학습프로그램이 초등 학습부진아의 학습동기와 학습전략에 미치는 영향. 부산대학교 대학원 석사학위 논문.
김지영, 김정섭(2014). 학교기반 학습컨설팅 프로그램이 초등학생의 학습전략에 미치는 효과. 학습자중심교과교육학회지, 14(6), 169−192.
김현영, 정영선(2010). 청소년을 위한 학습상담. 서울: 시그마프레스.
노지영(2011). 어린이를 위한 시간관리의 기술. 경기도: 위즈덤하우스.
박수홍, 안영식, 정주영(2010). 체계적 액션러닝. 서울: 학지사.
박은교(2011). 세계 1등 위인들이 들려주는 아주 특별한 시간관리 습관. 경기도: 니케북스.
사이언 베일락(2011). 부동의 심리학(박선령 역). 경기도: 21세기북스.
소년한국일보(2102). "꽃 · 풀잎 우산 속으로… 곤충들의 폭우 피하는 요령". 7월 29일.
신현숙(2005). 독서교육. 서울: 홍진P&M.
어린이동아(2012). "지구촌 '탄소 없애기' 대작전". 3월 12일.
어린이 동아(2012). "뜨거워진 한반도, '경북포도' 옛말". 8월 14일.
어린이 동아(2012). "확대되는 녹조현상". 8월 9일.
윤채영(2011). 전문가 모형의 학교기반 학습컨설팅 적용이 학습전략에 미치는 효과. 교육심리연구, 25(3), 545−567.
윤채영, 김정섭(2015). 학교기반 학습컨설팅 모형개발. 한국교육, 42(1), 107−135.
윤채영, 김정섭(2010). 예방적 학습컨설팅이 전환기 중학생의 학업동기에 미치는 영향. 중등교육연구, 58(3), 381−408.
윤채영, 황두경, 김정섭(2012). 초등 학습부진아와 일반아의 학업동기와 학습전략 특성 비교. 사고개발, 8(2), 125−149.
윤현주, 윤소영, 김정섭(2009). 주의집중전략 훈련이 초등학생의 학습태도와 학업성취도에 미치는 영향. 학교심리와 학습컨설팅, 1(1), 67−78.
이채윤(2006). 컴퓨터 병을 고치는 의사 안철수. 서울: 보물섬.
이화진, 임혜숙, 김선, 송현정, 홍순식, 조난심(1999). 초등학교 학습부진아용 교수−학습자료 개발: 학습동기 전략 프로그램(CRC 1999−2). 서울: 한국교육과정평가원.
전도근(2012). 공부의 달인이 되는 기억력과 암기력 향상 전략(교사용 지도서). 서울: 학지사.
전도근(2011). 공부의 달인이 되는 기억력과 암기력 향상 전략(학생용 워크북). 서울: 학지사.
전도근(2010). 자기주도적 학습전략 시리즈 2: 공부의 달인이 되는 주의 집중력 향상 전략 교사용 지도서. 서울: 학지사.
정미선, 정세영(2012). 영재학생과 일반학생의 학습양식 비교. 영재교육연구, 2012, 22(2), 39−59.
정세영, 김정섭(2013). 전환기 중학생의 학습동기와 학습전략의 관계. 사고개발, 2013, 9(1), 161−176.
천경록, 이경화 역(2003). 독서지도론, 서울: 박이정.
최동선, 정향진, 이민욱, 문한나, 추연우, 현지훈(2014). 국가직무능력표준(NCS)학습모듈 활용방안 연구. 서울: 한국직업능력개발원.
최정원, 이영호(2006). 시험불안 다루기 전략 및 시험전략. 서울: 학지사.
표시정(2007). 은혜갚은 꿩. 서울: 씽크하우스.
한국콘텐츠진흥원(2005). "산사의 소리, 은혜 갚은 꿩". http://www.culturecontent.com (2015.8.20. 방문).
호아킴 데 포사다(2009). 마시멜로 이야기. 서울: 한국경제신문사.
황경렬(1997). 행동적, 인지적, 인지−행동 혼합적 시험불안 감소훈련의 효과비교. 한국심리학회지: 상담과 심리치료, 9(1), 57−80.
황두경, 김정섭(2014). 초등학교 학습부진학생의 시간관리능력과 학업적 자기효능감에 대한 시간관리 학습전략 프로그램의 효과. 사고개발, 10(4), 39−57.
Bobb Biehl, B., & Paul Swets. (2012). 꿈을 향한 31일간의 여행(박영인 역). 경기도: 큰나무(원저 2007에 출판).
Carolyn, C. (2012). 학습부진아 지도를 위한 220가지 전략 학습코칭(정종진 역.). 서울: 시그마 프레스(원저 2001 출판).
Finch, C. R., & Crunkilton, J. R.(1999). Curriculum development in vocational and technical education. planning, content, and implementation, MA : Allyn and Bacon.
Stephen R. Covey., A. Roser Merrill., & Rebecca R. Merrill. (1997). 소중한 것을 먼저 하라(김경섭 역). 서울: 박영사(원저 1994에 출판).

공저자약력

김정섭(KIM JungSub)

창의성교육, 비판적사고, 칭찬프로그램개발에 관심을 가지고 연구를 하였고, 최근에는 학습컨설팅을 토대로 한 학교심리학에 많은 관심을 가지고 있다. 현재 부산대학교 교육학과 교수로 근무하고 있다.

✉ creativejin@pusan.ac.kr

강명숙(KANG MyungSuk)

인지, 정서, 행동문제로 어려움을 겪고 있는 학생들의 적응을 위한 학습컨설팅 및 창의력교육에 관심을 가지고 연구하고 있다. 현재 한국학습컨설팅센터장으로 근무하고 있다.

✉ kangms386@hanmail.net

윤채영(YOON ChaeYoung)

학습컨설팅, 학습부진, 학습전략, 학습몰입, 학업중단, 학사경고 등에 관심을 가지고 연구하고 있다. 현재 신라대학교 교육혁신본부 교수로 근무하고 있다.

✉ chaeyoungy@hanmail.net

정세영(JUNG SeYoung)

창의력과 글 이해에 대하여 관심을 가지고 연구하였고, 최근 학습컨설팅과 창의적 학습에 낳은 관심을 가지고 있다. 현재 계명대학교 교수학습개발센터 교수로 근무하고 있다.

✉ 308580@hanmail.net

김지영(KIM JiYoung)

학습부진, 학습동기 및 학습전략에 관심을 가지고 연구하였으며, 최근 대학생의 진로/학습컨설팅과 수업참여에 많은 관심을 가지고 있다. 현재 경남대학교 대학혁신지원사업단 교수로 근무하고 있다.

✉ chinkuya@hanmail.net

김소영(KIM SoYeong)

진로상담, 학습자 심리정서조절, 학습부진아 학습컨설팅, 진로학습컨설팅에 관심을 가지고 연구하고 있다. 현재 영산대학교 교수학습개발원 교수로 근무하고 있다.

✉ donald9328@gmail.com

황두경(HWANG DuGyeong)

학습부진 및 시간관리에 관심을 가지고 연구를 하였고, 최근에는 대학생의 학습역량 강화 프로그램 개발에 많은 관심을 가지고 있다. 현재 동의대학교 교수학습개발센터 교수로 근무하고 있다.

✉ hdk1225@deu.ac.kr

학습컨설팅 프로그램 시리즈

 학습전략 프로그램

: 학습컨설턴트, 교사 등 전문가들을 위한 학습전략 프로그램 사용 안내서

- 학습전략 프로그램 1 : 시간관리
- 학습전략 프로그램 2 : 집중전략
- 학습전략 프로그램 3 : 기억전략
- 학습전략 프로그램 4 : 읽기전략
- 학습전략 프로그램 5 : 시험관리

 학습전략 프로그램 워크북

: 프로그램에 따른 학습전략 사용능력 향상을 위한 실전용 학생 개별 활동지

- 학습전략 프로그램 워크북 1 : 시간관리
- 학습전략 프로그램 워크북 2 : 집중전략
- 학습전략 프로그램 워크북 3 : 기억전략
- 학습전략 프로그램 워크북 4 : 읽기전략
- 학습전략 프로그램 워크북 5 : 시험관리

학습컨설팅 시리즈
학습전략 프로그램 04 읽기전략

초판발행	2020년 3월 4일
공저자	김정섭·강명숙·윤채영·정세영·김지영·김소영·황두경
펴낸이	노 현
편 집	조보나
기획/마케팅	이선경
표지디자인	조아라
제 작	우인도·고철민
펴낸곳	㈜ 피와이메이트
	서울특별시 금천구 가산디지털2로 53 한라시그마밸리 210호(가산동)
	등록 2014. 2. 12. 제2018-000080호
전 화	02)733-6771
f a x	02)736-4818
e-mail	pys@pybook.co.kr
homepage	www.pybook.co.kr
ISBN	979-11-6519-003-3 94370
	979-11-6519-010-1 94370(세트)

copyright©김정섭·강명숙·윤채영·정세영·김지영·김소영·황두경, 2020, Printed in Korea

정 가   13,000원

박영스토리는 박영사와 함께하는 브랜드입니다.